I. S. TURGENEV

Mumu

И.С. ТУРГЕНЕВ
МУМУ

I. S. TURGENEV
MUMU

EDITED WITH INTRODUCTION,
NOTES & VOCABULARY
BY J. Y. MUCKLE

RUSSIAN
STUDIES

PUBLISHED BY BRISTOL CLASSICAL PRESS
GENERAL EDITOR: JOHN H. BETTS
RUSSIAN TEXTS SERIES EDITOR:
NEIL CORNWELL

First published in 1963 by Bradda Books Ltd

This edition published in 1992 by
Bristol Classical Press
an imprint of
Gerald Duckworth & Co. Ltd.
The Old Piano Factory
48 Hoxton Square, London N1 6PB

A catalogue record for this book is available
from the British Library

ISBN 1-85399-270-4

Printed in Great Britain by
Booksprint, Bristol

CONTENTS

INTRODUCTION

The life of Turgenev: a summary

Ivan Sergeevich Turgenev was born into a rich family of noble-men at Oryol in 1818. From 1821 the family lived on its estate at Spasskoye-Lutovinovo, where Ivan and his elder brother Nikolai were strictly brought up by their tyrannical mother, Varvara Petrovna Turgeneva. The frequent beatings which he suffered at her hands, the despotic way in which he saw her treat the serfs on the estate, and the domination she exerted over all her dependents made him hate all she stood for. His educa-tion, begun at Spasskoye by a succession of foreign private tutors, was continued at a Moscow preparatory school from 1827, at Moscow University (1833—4) and at the University of St Petersburg where he took his degree in 1837. In the same year his first poems were published. He then went to Berlin University and for a time became very interested in German romanticism and Hegel's philosophical system.

On his return to Russia in 1841 he entered the civil service. In the course of a few years he had emotional entanglements with three women from widely differing social classes (includ-ing a serf-girl). In 1843 he met Pauline Viardot, the singer and actress whom he was to love and pursue for the rest of his life. In the same year his first dramatic work was written and in 1844 his first prose work, «Андрей Колосов». In 1845 he gave up the civil service to devote himself to literature. This led to a serious quarrel with his mother: she kept him short of money until her death.

1846 saw the end of Turgenev's poetic activity. The first of the

5

«Записки охотника», a series of short stories directed against the institution of serfdom, were published in 1847. In the same year he left Russia, having sworn what he called a "Hannibal's oath" to fight serfdom by all means in his power. For Turgenev this meant primarily literary means, so he continued to issue the "Sportsman's Sketches" when in western Europe. On returning to Russia in 1850 he and his brother quarrelled again with their mother over their share of the family property, which she was keeping to herself, but she died within a few months, and Turgenev became a very rich man. True to his convictions, he freed the house serfs and gave the others a much greater degree of independence than they had enjoyed under his mother.

"Mumu" was written in 1852, and has as its theme the situation of the serfs. In the same year Turgenev's last drama was written, and he began to prepare for a series of four novels, «Рудин» (1856), «Дворянское гнездо» (1858), «Накануне» (1859) and «Отцы и дети» (1862). Turgenev described himself and his countrymen with such candour that these novels aroused much antagonism, and he left Russia to settle in western Europe.

After 1862 he returned to Russia for short periods only. In Paris and Baden-Baden he lived in close proximity to Pauline Viardot and her husband, for much of the time on the best of terms with both of them. He became acquainted with western writers: the Goncourts, Sainte-Beuve, Zola and Daudet, and became a close friend of Flaubert. His novel «Дым» (1866) contains bitter satire of the reactionary and conservative Russians of the type he met in Baden. The novel «Новь» ("Virgin Soil"), published in 1877, is about the Russian revolutionaries of the seventies. He wrote many more stories, of which one of the best is the psychological study «Степной король Лир» (King Lear of the Steppes), a russification of Shakespeare's theme. Towards the end of his life his thoughts turned increasingly to the after life. He had no real religious beliefs and feared death; some of his later stories, such as «После смерти» (known also as "Clara Milich") contain a supernatural element which is somewhat unconvincing. The poems in prose, entitled "Senilia", are unique examples of this form in Russian literature.

Some of them betray Turgenev's fear of death and his desire to comfort himself with statements such as "Love is stronger than death and the fear of death." The death which he had at one time feared so much released him from the pain of a severe spinal complaint at Bougival near Paris in 1883.

The characteristics of Turgenev's work and its place in Russian Literature

Turgenev was a successor of Pushkin and Gogol in the development of Russian Literature. His early poems were to some degree homage to Pushkin, and he treated Gogol themes in some of his early prose and dramatic works. He was a contemporary of the novelists Dostoevsky, Tolstoy and Goncharov (and quarrelled more or less seriously with all of them at different times.) In the past critics have disparaged Turgenev by comparing him unfavourably with one or other of his contemporaries, but now he is firmly established as a classic and revered by Russians as one of their greatest writers. He was one of the first Russian novelists to be recognised and accepted in the West.

The main qualities of his work in general include his profound psychological insight and his ability to depict the intangible relationships between human beings. His feeling for nature is striking. Edward Garnett in one of his prefaces to Turgenev's works singles out as the key to his genius his representation of "the parts in just relation to the whole scheme of human existence." He writes: "The people's figures are always seen in just relation to their surroundings, to their fellows and to nature." Turgenev's works tend to be compact, and often at first glance give the impression that his canvas is narrow. This narrowness is illusory: the picture contained within the small frame has depth which is not immediately perceptible. A major quality of Turgenev's work is his achievement of an incomparable prose style.

Turgenev first attracted keen public attention with «Записки охотника» (1847—52), a series of short stories depicting the miserable condition of the serfs and the brutality and decadence of the nobility. The success of these stories is probably due to the fact that Turgenev knew the serfs well on the estate at Spasskoye; he had mixed with them, played with the children and learnt their language and customs. He had been introduced to Russian poetry by a serf who read it to him when he was a child. He had suffered his mother's brutality as the serfs had. When these stories appeared Turgenev immediately made a reputation for himself as a writer and as a progressive thinker.

Turgenev's reputation today depends largely on the novels, the first four in particular. A marked feature of them is their social and political content. This is to be found also in many of the shorter works, including "Mumu". He treats the theme of the лишний человек (superfluous man) which all the great writers in Russia in the nineteenth century dealt with, and gives it a definite social and political bias. His superfluous man is the cultivated Russian nobleman, who tries to bring about social change, but cannot. He may be able to talk and win others over by his words, but he cannot act effectively to bring about change even in his own private life, let alone in the context of society. Turgenev's women, on the other hand, are decisive, and often show themselves capable of great deeds of self-sacrifice. He had an unerring sense of what was going on in the minds of the intellectuals in Russia even at those periods of this life when he was living abroad. The novels are all set in a definite period and aim to capture the spirit of the time. The inhabitants and visitors of the country houses which figure in so many of his works are a microcosm of Russian society and their significance extends into a much wider world.

In an era when literature was virtually the only means whereby political ideas could be discussed openly, Turgenev's works were read avidly, and it is hardly surprising that his avowedly objective pictures of the social scene brought torrents of abuse upon him from those who disagreed with him or saw themselves exposed in the figures of his characters. However, Turgenev never intentionally allowed literary considerations to be eclipsed by politics—the idea rarely sticks out behind one of his characters and his writing does not degenerate into mere propaganda. His opponents may often have been disappointed with his view of society, but they and the public in general rarely failed to appreciate his artistry.

Mumu

"Mumu", written in 1852, is a persuasive and cogent attack on the social structure of Russia in the mid-nineteenth century, and a historical document from the last few years of the decline of serfdom. It is a work of art. Turgenev was at the beginning of his maturity when he wrote "Mumu" and his achievement is essentially a literary one. In the simple story of a serf who is ordered by his owner to destroy a dog he is fond of, the author discovers a wealth of psychological action. The story is not pure invention: a very similar incident occurred in the household of the author's mother and this gave him the basic material for his story. "Mumu" is a study in the character of the dumb serf Gerasim and the portrayal of this noble figure is memorable for its pathos and humanity.

Serfdom in Russia

"Mumu" was written nine years before the Emancipation of the Serfs, which Alexander II decreed in 1861. Fierce criticisms of the whole system of крепостнóе прáво (the right of the gentry to own and control serfs) had been expressed regularly by literary men and publicists ever since the eighteenth century, when Fonvizin, Novikov, and Radishchev made Catherine II uncomfortable by their critical and satirical periodicals, plays and prose works. A number of monarchs, including Catherine herself, had come to the throne expressing eagerness tɔ abolish serfdom, but depending as they did upon the дворя́нство (land and serf owning gentry) for their continuance on the throne, none of them had dared to attempt the reform.

Official estimates made in 1851 show that there were nearly fifty million peasants of various sorts in Russia. About twenty million were serfs belonging to the state. Over twenty million were owned by private landowners. The word "owned" is used advisedly, for by a series of edicts and laws made over three centuries and more the owner was able to dispose of the serfs exactly as he liked, as if they were cattle. A serf could not move from the land or marry without his master's permission. He could be banished to Siberia without appeal, and flogged by his owner. Serf owners collected the government tax (тягло) from their serfs: the serf might be allowed to pay quit-rent (оброк) or might be forced to do барщина, that is, work his master's fields several days a week (usually three, but often more than three) in lieu of payment. State peasants paid оброк to the state. At the same time the peasants belonged to a commune (мир or община) presided over by the headman (староста) who organised the working of the peasants' own land, usually disposed in strips in large communal fields, and of common land. Household serfs (дворовые) owned no land, and earned their living by service to their owner in his home. A landed serf could be made to become a house-serf if his owner so desired. (This is what happened to Gerasim.) Apart from the more ordinary posts such as butler, yard-keeper or laundrymaid, some owners kept a serf orchestra (as did Varvara Petrovna Turgeneva), a choir and actors, and the serf doctor was no rarity.

Serf owners numbered about 262,000 in 1851. Many of them owned fewer than ten serfs, but 80 % of the serfs belonged to owners with a hundred serfs or more. Sometimes a дворянин had several thousand. V. P. Turgeneva had five thousand serfs including forty house serfs.

Russia's defeat in the Crimean War (1856) clearly illustrated the disastrous inefficiency and decadence of the state. Serfdom was widely recognised by the more liberal section of the intelligentsia to be the most conspicuous injustice in their society. Alexander II, who succeeded the harsh and reactionary Nicholas I in 1855, shared some of this feeling. Moreover, many landowners were beginning to find that hired hands did better work than slave labour; sixty years before this Radishchev had insisted that «Вынужденная работа дает меньше плода». The frequency of peasant revolts was giving cause for alarm. As a result of these various factors, the Tsar carried through the reform. In 1861 the peasants were declared free citizens, and those that had worked upon the land were given land from their masters' estates, for which the peasants had to pay. Public opinion among liberals was later to give Turgenev a large share of the credit for bringing about the intellectual revolution preceding the reform, for his stories critical of serfdom, among them "Mumu", had had a profound effect on the public.

The composition and publication of "Mumu"

The circumstances in which "Mumu" came to be written reflect the literary and political climate of the time. In 1849 a committee of censors had been set up by the government to control the expression of social thought in literature. In 1852, when Turgenev was thirty-three, Gogol died. The death of this great and original Russian writer had gone virtually unmentioned in the Petersburg press, for Gogol's works had touched the problem of the serfs and criticised society, and officialdom had decided that his death should receive as little publicity as possible. Turgenev had himself already attacked the institution of serfdom, the крепостное право, in the "Sportsman's Sketches", and he was incensed that Gogol should die in relative obscurity. The censorship refused to pass Turgenev's obituary article on Gogol in St Petersburg, so he sent it to the journal Московские ведомости, giving it the title Письмо из Петербурга. It was published, as the Moscow censor did not know it had been rejected elsewhere, but Turgenev was promptly arrested and held for a month before being exiled to his estate at Spasskoye. He served his month's imprisonment in a police cell which was thronged with friends and admirers, including police men (a Gogolesque situation indeed). There he wrote "Mumu", another powerful and moving protest against serfdom.

The incident of Turgenev's arrest shows what problems a literary man of liberal politics had to face during the reign of Nicholas I, especially one such as Turgenev, who had sworn a "Hannibal's oath" to fight serfdom. The casual reader of the Письмо из Петербурга may find it perfectly harmless, but Turgenev realised that his crime was to have called Gogol "great", since Nicholas regarded himself as the only great man in Russia. Moreover the administration used this as the excuse, Turgenev declared, to punish him for having written Записки охотника. The inefficiency of Nicholas's administration, which was later to be shown in the Crimean War fiasco, is illustrated likewise by the fact that one responsible censor passed an article which another had rejected out of hand, and which the government thought merited prison and exile. If the mild obituary caused all this furore, what of "Mumu"?

Turgenev submitted "Mumu" to the journal Московский сборник soon after completing it, and it was not passed by the censor. It was published in March 1854 in another periodical, the Современник, but its publication aroused distinct dissatisfaction. In a report, Rodzianko, a civil servant with particular responsibility for matter published in the Современник, made the following comments. «Цель автора состояла в том, чтобы показать, до какой степени бывают безвинно утесняемы крестьяне помещиками своими ... здесь выставляется не физическое, но нравственное утеснение крестьянина, но это нисколько не изменяет неблаговидности цели рассказа, а напротив, по моему мнению, даже усиливает эту неблаговидность.» As a result, "Mumu" was declared вне закона and no printed comment was published concerning the story for two years. In 1856, the year after Nicholas's death, the critic Annenkov wished to publish Turgenev's complete works, but the censor responsible, who happened to be the novelist Goncharov, author of "Oblomov", would not allow "Mumu" to be published again on his own initiative. After some weeks of argument with higher authority the ban was removed, and permission was granted for its re-publication. Very shortly after this the first secret steps towards the abolition of serfdom were being taken by the new Tsar, and the aim of Turgenev's Аннибалова клятва was in sight.

The new manner

"Mumu" represents a stage in Turgenev's literary development. As a youth and young man he had tried his hand at poetry, lyric and epic. He protested in later life that his poetic works had made him ridiculous, but some of his poems are by no means without merit, and the later ones in particular contain an element of dry ironic humour which rescues them from dullness and conventionality. He turned to the theatre: some of his plays are well worth a reading, and one, «Месяц в деревне» still has an international audience. Although his achievements in these fields were considerable, he rejected both media in his search for perfection. Prose it had to be—but what sort of prose? This question occupied Turgenev for some years. He wrote short stories in varying styles, which did not satisfy him. He found himself straining in all his heroes to extract the essence of the Russian character which he would pour into little glass bottles and hold up to the reader as if to say, «Нюхайте, любезные читатели, — откупорьте и нюхайте — не правда ли — пахнет русским типом?» He found his works static, obsessed with unnecessary description and dialogue, and with excessive emphasis on habits of speech. Sometimes he felt that they lacked a definite theme or that the theme was poorly developed. He must reform his style and make it conform to the "new manner", which he outlined in a letter to Annenkov in 1852: «Простота, спокойство, ясность линии, добросовестность работы, та добросовестность, которая дается уверенностью, — все это еще пока идеалы, которые мелькают передо мной». "Mumu" was one of his first essays in the новая манера, of which the main feature was to be objectivity. With works such as this he practised and perfected his style until he was satisfied that he might attempt a novel, for which he regarded objectivity as essential. (His first novel, "Rudin", appeared in 1856.)

In "Mumu" the directness and simplicity of the narrative is all-important. The structure is straightforward: after the brief setting of the scene and the introduction of Gerasim, the first act of the drama follows—Gerasim's love for Tatyana and its fate. On the very day of Tatyana's departure from Moscow the second "act" begins: Gerasim finds Mumu, and there follows a description of the short-lived friendship between the man and his dog. The story's climax and dénouement are the order from the mistress that Mumu is to be destroyed and Gerasim's revolt in leaving Moscow without permission after he had carried the order out. All other detail in the story adds colour and significance to the plot, but is subordinated to it. There is no bare discussion of social problems, no introduction of superfluous characters, and no obtrusive pointing of morals, traps which Turgenev occasionally fell into in earlier works. All the material in "Mumu" is significant and relevant.

Language

The Russians regard Turgenev's prose style as probably the finest achieved by any of their classical writers. At Spasskoye French was spoken every day. (This was a widespread custom in noble Russian families from the eighteenth century, and the use of French in the home persisted in many families to the 1917 Revolution.) Turgenev's education paid great attention to languages, and he mastered several, eventually writing letters and publishing articles in German, English and French. His study of foreign languages may well have sharpened his awareness of what was right and fitting in his own language. To the very end of the eighteenth century controversies raged over the written Russian language—should a writer use the complicated Latinised and Germanic style of Radishchev and others or the simpler, but as yet immature new style of Karamzin? It was Pushkin and to a certain extent Gogol who, in choosing the language of Karamzin and developing its expressiveness and beauty, created the Russian literary language. In 1852, then, modern Russian as Turgenev knew it had not been in existence very long. He sought expressiveness in vocabulary and compactness in his sentences. His rough drafts show that he worked carefully and never hastily to attain these ends, and he never allowed a clumsy sentence to pass: a paragraph of Turgenev often approaches poetry in its attention to rhythm, sound and balance. Close examination of a few passages from "Mumu" will illustrate this; the terse and explicit paragraph with which the work begins, for example, the paragraph in which Mumu's death is described with such touching simplicity, or the burst of lyricism, Gerasim's walk home. To attempt to translate one of these sections into English is to appreciate the краткость and сжатость of the original.

The prose of "Mumu" has been enriched by many a word or phrase taken from the colloquial language, and these add colour and vividness to the style. They include: с корней долой, держать в черном теле, хлебушко, навострить уши, жить бобылем, всплакнуть, ломиться в дверь — these, used as Turgenev uses them, are colloquialisms, and there are many more which contribute to the expressiveness which he sought. The speech of the characters is naturally colloquial, and it is also individual and realistic. The speech of each character is differentiated. There is Kapiton's peasant slang and northern dialect, which the foreign reader sometimes despairs of understanding, the obsequious language of the female companions, Tatyana's meek monosyllables, and Gavrila's two styles: one respectful and precise for addressing the mistress, and one colloquial and blunt for the serfs under him. This realistic approach to language is a direct attempt by the author to attain one of the ideals which was a feature of the "new manner": the avoidance of artificiality.

Characterisation

The picture of life in the Moscow house of a rich serf-owner which "Mumu" contains is one of the first in such detail in Russian literature. The author shows a large complement of serfs with different duties in their daily life together, and the mistress surrounded by her bevy of companions, maintaining tenuous contact with the serfs through the дворецкий (see note 31) and hardly knowing the others' faces. The main substance of the story is, however, Turgenev's attempt to reveal convincingly the character of a lonely deaf mute.

Turgenev knew that it was necessary to prove to some of his contemporaries that serfs were human and had feelings as other men had. In Gerasim he presents the figure of a serf of true character and great personal dignity. As the central character, the author gives him close and sympathetic analysis. In the second and third paragraphs of the story the hero is introduced. Here can be seen in embryo Turgenev's characteristic method of portrayal which he later developed in the novels. Physical features are given first on principle: the author believed them to be significant. Gerasim's great strength is emphasised, not by dry statement of fact, but in vivid pictures showing his activity; we see him tearing up the earth with a plough and wielding the scythe with dramatic effect. Next the reader is given a life-history of Gerasim in a few lines and the author passes on to his life in Moscow. He shows the hero's incomprehension of what is happening to him when he is transferred at the whim of his mistress from the fields to which he is accustomed to the entirely different life in the city and all the misery this causes him. This is again achieved by means of vivid simile: «Он недоумевал, как недоумевает молодой, здоровый бык, которого только что взяли с нивы, . . . поставили на вагон железной дороги и вот, . . мчат его теперь, мчат со стуком и визгом, а куда мчат—Бог весть! But Gerasim settles down, and the author describes with dry humour the exemplary way he fulfils his new duties and his relations with the other house-serfs. This first exposition of the hero's character is closed with a description of the каморка he fitted up for himself, and its characteristically sturdy and simple богатырский furnishing.

As the story proceeds, Turgenev enters more deeply into the psychology of his principal character. He reveals it through his relationships with others. Herein lies the fundamentally tragic essence of Gerasim. He is affectionate, and his affectionate nature is stunted by his inability to express it in words. Fond of Tatyana, he tries to show his fondness, and does it so pathetically crudely that she is terrified. The other serfs fear him too and mutter against him. Deprived of the power of speech and hearing, he is remote from his fellow men. But Gerasim's affectionate nature finds expression at last — in his love for Mumu, a dumb creature like himself, the only creature willing to love him in return. It is ironic that the incident which leads to his having to promise to drown her is caused by her barking—barking which Gerasim himself could never hear. The irony is more cruel because the destruction of the creature he loved is ordered at the whim of an inhuman mistress who bears no affection towards anyone. Gerasim's mute rebellion against his mistress by returning to his native village without permission is an act of calm, dignified protest. It is a symbol at the same time of

16

the revolt of the peasant class against serfdom, and more universally of the refusal of any man of true spirit to submit to despotism.

Sharply contrasted with Gerasim is his mistress, who is given no name. She is condemned in the first paragraph in the words: День ее, нерадостный и ненастный, давно прошел; но и вечер ее был чернее ночи. Life for her is a succession of ephemeral moods. If she is in a good temper, it will be stated that she slept well or turned up four jacks (a lucky sign) at cards. The slightest shock would be sufficient to make her ill-tempered again. When the author is not criticising her directly he is attacking her with bitter irony. In a few words she decides that Kapiton will marry Tatyana with no regard to the possible feelings of those people. She hypocritically implores one of the companions to see that Gavrila has Mumu destroyed for the sake of saving her life. The author's scorn is felt in such innocent looking phrases as Она закинула голову назад, что должно было означать обморок and Эти волнения у ней всегда случались после слишком сытного ужина. Her tantrums after Gerasim's departure and her accusation that he is "ungrateful" are not entirely attempts at self justification. As an inveterate hypocrite she believes in herself. The author's curt dismissal of her at the end of the story is significant for what it does not say: Она скоро сама после того умерла; а наследникам ее было не до Герасима.

Because "Mumu" is known to have been based on an incident at Spasskoye, many commentators have assumed that the mistress is a portait of the writer's own mother. Apart from Turgenev's own writings an independent record of Varvara Petrovna has been preserved—the memoirs of V. N. Zhitova, her adopted daughter, fifteen years younger than Ivan Sergeevich. Although Zhitova is not an entirely reliable witness, it emerges that Varvara Petrovna, although a tyrant, inspired some of her dependents with love if not with admiration. When she died, one serf woman is said to have exclaimed through her tears, "She made me suffer, but I loved her. She was a *real* mistress!" It may be that the quarrels between Varvara Petrovna and her sons completely embittered Ivan Sergeevich's feelings towards her. Whatever the truth of this may be, it would appear that the mistress in "Mumu" had all Varvara Petrovna's worst features and is a figure of unrelieved evil containing a strong element of caricature.

This element of caricature is not present in the portrayal of the serfs other than Gerasim, although there is hardly another entirely sympathetic character among them. Sympathetic or not, they are intensely real and convincing, as Turgenev has not made the mistake of whitewashing them all to support his protest against their mistress. They are a gallery of living types: Gavrila, the canny дворецкий, Kapiton, the cowardly drunkard always sorry for himself, whose "eloquence never left him even in the most awkward circumstances", Antipka, the inquisitive postilion, Tatyana, the shy, modest young laundrymaid, and Дядя Хвост, the purely comic old footman. All these people have their individual existence and they have a collective personality as well: they are the inhabitants of the servants' hall, the courtiers and slaves of the mistress, and they pulsate with life and realism individually and together. They are the "others" who oppose Gerasim through incomprehension, cursing him and making fun, failing to recognise that he is a man as they are.

Contemporary reactions to the content

Because of the strict control exercised over the expression of political ideas in public and in print, the nineteenth century Russian tended to regard literature as a vehicle for the exposition of social thought, and this tendency can be seen in some critics' articles on "Mumu". The fact that no review of "Mumu" was published for some time after its appearance has been mentioned above, but in later years literary and political figures let their views be known. Herzen, the social theorist, publicist and journalist who had emigrated to the West in order to use his journalistic influence more freely to bring about radical reform in Russia, described "Mumu" as a поэтически написанный обвинительный акт крепостничеству. The political publicist I. S. Aksakov saw Gerasim as a personification of the Russian people with his strength and at the same time great docility. He continued: Русский народ . . . может казаться и немым, и глухим. Some were hostile. Druzhinin, a right wing critic, regarded the inclusion of a topical social problem as a blemish on a work of art, and Dudyshkin, a critic writing in the early sixties, disliked an attempt to "turn economic ideas into literary ones". This charge was met by other writers who felt that Turgenev had shown his skill by the way he made his protest against serfdom while accepting the limitations of a work of art. Herzen held this view for he wrote that the author had described the cruelty of a serf owner with such artistic power and conviction, что сумел . . . заставить нас дрожать от бешенства при изображении этого тяжкого, нечеловеческого страдания. Even those critics to whom the political aspect is all-important have rarely failed to be impressed by the power and humanity of the piece, and this is notable in a milieu where the literary quality of a work by an established author was often taken for granted and where literary standards were sometimes regarded as relatively unimportant.

·

Did Turgenev succeed in this attempt to write in a новая манера? He tries to apply constant objectivity to a story with a definite theme and sustains interest and suspense. The narrative is enlivened by humour, and irony heightens the simple story to tragic dimensions. A realistic and challenging picture of human nature is given, for the author was extraordinarily gifted in the understanding of his fellow men, where most people understand nothing. Zhitova comments in her memoirs on this sympathetic quality in Turgenev's nature. She is writing of the real dumb Andrei, the serf on whom Turgenev based his portrait of Gerasim, who was known at Spasskoye by the nickname Немой: «Да! Надо было иметь ту любовь и то участие к крепостному, которые имел наш незабвенный Иван Сергеевич, чтобы дорываться так до чувства и до внутреннего мира нашего простолюдина. Узнал же он, что Немой скучал и плакал, а мы все даже и внимания не обратили.»

МУМУ

В одно́й из отдалённых у́лиц Москвы́, в се́ром до́ме с бе́лыми коло́ннами, антресо́лью и покри́вившимся балко́ном, жила́ не́когда ба́рыня[1]), вдова́, окружённая многочи́сленною дво́рней. Сыновья́ её служи́ли в Петербу́рге, до́чери вы́шли за́муж; она́ выезжа́ла ре́дко и уединённо дожива́ла после́дние го́ды свое́й скупо́й и скуча́ющей ста́рости. День её, нера́достный и нена́стный, давно́ прошёл; но и ве́чер её был черне́е но́чи.

Из числа́ всей её че́ляди са́мым замеча́тельным лицо́м был дво́рник Гера́сим, мужчи́на двена́дцати вершко́в ро́ста[2]), сложённый богатырём[3]) и глухонемо́й от рожде́нья. Ба́рыня взяла́ его́ из дере́вни, где он жил оди́н, в небольшо́й избу́шке, отде́льно от бра́тьев, и счита́лся едва́ ли не са́мым испра́вным тя́гловым мужико́м.[4]) Одарённый необыча́йной си́лой, он рабо́тал за четверы́х[5]) — де́ло спори́лось в его́ рука́х,[6]) и ве́село бы́ло смотре́ть на него́, когда́ он ли́бо паха́л и, налега́я огро́мными ладо́нями на соху́, каза́лось, оди́н, без по́мо-щи лошадёнки, взрезывал упругую грудь земли, либо о Петров день[7]) так сокрушительно действовал косой, что хоть бы[8]) молодой берёзовый лесок смахивать с корней долой, либо проворно и безостановочно молотил трёхаршинным[9]) цепом, и как рычаг опускались и поднимались продолговатые и твёрдые мышцы его плечей.[10]) Постоянное безмолвие придавало торжественную важность его неистомной работе. Славный он был мужик, и не будь его несчастье, всякая девка охотно пошла бы за него замуж...[11]) Но вот Герасима привезли в Москву, купили ему сапоги, сшили кафтан на лето, на зиму тулуп, дали ему в руку метлу и лопату и определили его дворником.

Крепко не полюбилось ему сначала[12]) его новое житьё. С детства привык он к полевым работам, к деревенскому быту. Отчуждённый несчастьем своим от сообщества людей, он вырос немой и могучий, как дерево растёт на плодородной земле... Переселённый в город, он не понимал, что с ним такое деется,[13]) — скучал и недоумевал, как недоумевает молодой, здоровый бык, которого только что взяли с нивы, где сочная трава росла ему по брюхо, взяли, поставили на вагон железной дороги — и вот, обдавая его тучное тело то дымом с искрами, то волнистым паром, мчат его теперь, мчат со стуком и визгом, а куда мчат — Бог весть![14])

Занятия Герасима по новой его должности каза-
лись ему шуткой после тяжких крестьянских ра-
бот; в полчаса всё у него было готово, и он опять
то останавливался посреди двора и глядел, разй-
нув рот, на всех проходящих, как бы желая до-
биться от них решения загадочного своего поло-
жения, то вдруг уходил куда-нибудь в уголок и,
далеко швырнув метлу или лопату, бросался на
землю лицом и целые часы лежал на груди неподвижно, как пойманный зверь. Но ко всему
привыкает человек, и Герасим привык, наконец,
к городскому житью. Дела у него было немного;
вся обязанность его состояла в том, чтобы двор
содержать в чистоте, два раза в день привезти
бочку с водой, натаскать и наколоть дров для
кухни и дома да чужих не пускать и по ночам ка-
раулить. И надо сказать, усердно исполнял он
свою обязанность: на дворе у него никогда ни
щепок не[15]) валялось, ни сору; застрянет ли
в грязную пору где-нибудь с бочкой отданная под
его начальство разбитая кляча-водовозка[16]), он
только двинет плечом — и не только телегу, самоё[17]) лошадь спихнёт с места; дрова ли примется
он колоть, топор так и звенит у него, как стекло,
и летят во все стороны осколки и поленья; а что
насчёт чужих, так после того, как он однажды
ночью, поймав двух воров, стукнул их друг о друж-

ку лба́ми[18]), да так сту́кнул, что хоть в поли́цию
их пото́м не води́[19]), все в около́тке о́чень ста́ли
уважа́ть его́; да́же днём проходи́вшие, во́все уже́
не моше́нники, а про́сто незнако́мые лю́ди, при
ви́де гро́зного дво́рника отма́хивались и крича́ли
на него́, как бу́дто он мог слы́шать их кри́ки. Со
всей остально́й че́лядью Гера́сим находи́лся в от-
ноше́ниях не то чтобы прия́тельских, — они́ его́ по-
ба́ивались, — а коро́тких: он счита́л их за свои́х[20]).
Они́ с ним объясня́лись зна́ками, и он их понима́л,
в то́чности исполня́л все приказа́ния, но права́
свои́ то́же знал, и уже́ никто́ не смел сади́ться на
его́ ме́сто в засто́лице. Вообще́ Гера́сим был нра́ва
стро́гого и серьёзного, люби́л во всём поря́док;
да́же петухи́ при нём не сме́ли дра́ться, а то беда́!
уви́дит[21]), то́тчас схва́тит за́ ноги, пове́ртит раз
де́сять на во́здухе колесо́м и бро́сит врозь. На
дворе́ у ба́рыни води́лись то́же гу́си; но гусь, из-
ве́стно, пти́ца ва́жная и рассуди́тельная; Гера́сим
чу́вствовал к ним уваже́ние, ходи́л за ни́ми и кор-
ми́л их; он сам сма́хивал на степе́нного гусака́.
Ему́ отвели́ над ку́хней камо́рку; он устро́ил её
себе́ сам[22]), по своему́ вку́су: сооруди́л в ней кро-
ва́ть из дубо́вых досо́к на четырёх чурба́нах,
и́стинно богаты́рскую[23]) крова́ть; сто пудо́в[24])
мо́жно бы́ло положи́ть на неё — не погну́лась бы;
под крова́тью находи́лся дю́жий сунду́к; в уголку́

стоя́л сто́лик тако́го же кре́пкого сво́йства, а во́зле сто́лика — стул на трёх но́жках, да тако́й про́чный и призе́мистый, что сам Гера́сим, быва́ло[25]), подни́мет его́, уро́нит и ухмыльнётся. Камо́рка запира́лась на замо́к, напомина́вший свои́м ви́дом кала́ч, то́лько чёрный; ключ от э́того замка́ Гера́сим всегда́ носи́л с собо́й на по́ясе. Он не люби́л, чтобы к нему́ ходи́ли.

Так прошёл год, по оконча́нии кото́рого с Гера́симом случи́лось небольшо́е происше́ствие.

Ста́рая ба́рыня, у кото́рой он жил в дво́рниках[26]), во всём сле́довала дре́вним обы́чаям и прислу́гу держа́ла многочи́сленную: в до́ме у ней находи́лись не то́лько пра́чки, швеи́, столяры́, портны́е и портни́хи, — был да́же оди́н шо́рник, он же счита́лся ветерина́рным врачо́м и ле́карем для люде́й, был дома́шний ле́карь[27]) для госпожи́, был, наконе́ц, оди́н башма́чник, по и́мени Капито́н Кли́мов, пья́ница го́рький. Кли́мов почита́л себя́ существо́м оби́женным и не оценённым по досто́инству, челове́ком образо́ванным и столи́чным[28]), кото́рому не в Москве́ бы жить[29]), без де́ла, в како́м-то захолу́стье, и е́сли пил, как он сам выража́лся с расстано́вкой и стуча́ себя́ в грудь, то пил уже́ и́менно с го́ря. Вот зашла́ одна́жды о нём речь[30]) у ба́рыни с её гла́вным дворе́цким[31]), Гаври́лой, челове́ком, кото́рому, су́дя по одни́м[32]) его жёлтым глазкам и утиному носу, сама судьба, казалось, определила быть начальствующим лицом. Барыня сожалела об испорченной нравственности Капитона, которого накануне только что отыскали где-то на улице.

— А что, Гаврила, — заговорила вдруг она, — не женить ли нам его, как ты думаешь? Может, он остепенится.

— Отчего же не женить-с![33]) Можно-с, — ответил Гаврила, — и очень даже будет хорошо-с.

— Да; только кто за него пойдёт?[34])

— Конечно-с. А впрочем, как вам будет угодно-с. Всё же он, так сказать, на что-нибудь может быть потребен; из десятка его не выкинешь[35]).

— Кажется, ему Татьяна нравится?

Гаврила хотел было что-то возразить[36]), да сжал губы.

— Да!.. пусть посватает Татьяну, — решила барыня, с удовольствием понюхивая табачок, — слышишь?

— Слушаю-с, — произнёс Гаврила и удалился. Возвратясь в свою комнату (она находилась во флигеле и была почти вся загромождена коваными сундуками), Гаврила сперва выслал вон свою жену, а потом подсел к окну и задумался. Неожиданное распоряжение барыни его, видимо, озадачило. Наконец, он встал и велел кликнуть Капитона. Капитон явился... Но прежде чем мы передадим читателям их разговор, считаем нелишним рассказать в немногих словах, кто была эта Татьяна, на которой приходилось Капитону жениться, и почему повеление барыни смутило дворецкого.

Татьяна, состоявшая, как мы сказали выше, в должности прачки[37]) (впрочем, ей, как искусной и учёной прачке, поручалось одно[38]) тонкое бельё), была женщина лет двадцати осьми[39]), маленькая, худая, белокурая, с родинками на левой щеке. Родинки на левой щеке почитаются на Руси[40]) худой приметой — предвещанием несчастной жизни... Татьяна не могла похвалиться своей участью. С ранней молодости её держали в чёрном теле[41]): работала она за двоих[42]), а ласки никакой никогда не видала[43]); одевали её плохо, жалованье она получала самое маленькое; родни у ней всё равно что не было[44]): один какой-то старый ключник, оставленный за негодностью в деревне, доводился ей дядей[45]), да другие дядья[46]) у ней в мужиках состояли[47]) — вот и всё. Когда-то она слыла красавицей, но красота с неё очень скоро соскочила. Нрава она была весьма смирного, или, лучше сказать, запуганного, к самой себе она чувствовала полное равнодушие, других боялась смертельно; думала только о том, как бы работу к сроку кончить, никогда ни с кем не говорила и трепетала при одном[48]) имени барыни, хотя та её почти в глаза не знала. Когда Герасима привезли из деревни, она чуть не обмерла от ужаса при виде его громадной фигуры, всячески старалась не встречаться с ним, даже жмурилась, бывало[49]), когда ей случалось пробегать мимо него, спеша из дома в прачечную. Герасим сперва не обращал на неё особенного внимания, потом стал посмеиваться, когда она ему попадалась, потом и заглядываться на неё начал, наконец, и вовсе глаз с неё не спускал. Полюбилась она ему; кротким ли[50]) выражением лица, робостью ли движений — Бог его знает! Вот, однажды пробиралась она по двору, осторожно поднимая на растопыренных пальцах накрахмаленную барынину[51]) кофту... кто-то вдруг сильно схватил её за локоть; она обернулась и так и вскрикнула: за ней стоял Герасим. Глупо смеясь и ласково мыча, протягивал он ей пряничного петушка[52]), с сусальным золотом на хвосте и крыльях. Она было хотела[53]) отказаться, но он насильно впихнул его ей прямо в руку, покачал головой, пошёл прочь и, обернувшись, ещё раз промычал ей что-то очень дружелюбное. С того дня он уже ей не давал покоя: куда, бывало, она ни пойдёт[54]), он уж тут как тут[55]), идёт ей навстречу, улыбается, мычит, махает[56]) руками, ленту вдруг вы́тащит из-за па́зухи 'и всучи́т ей, метло́й перед ней пыль расчи́стит. Бе́дная де́вка про́сто не зна́ла, как ей быть и что де́лать. Ско́ро весь дом узна́л о проде́лках немо́го дво́рника; насме́шки, приба́уточки, ко́лкие слове́чки посы́пались на Татья́ну. Над Гера́симом, одна́ко, глуми́ться не все реша́лись: он шу́ток не люби́л; да и её при нём оставля́ли в поко́е. Ра́да не ра́да[57]), а попа́ла де́вка под его́ покрови́тельство. Как все глухонемы́е, он о́чень был дога́длив и о́чень хорошо́ понима́л, когда́ над ним или над ней смея́лись. Одна́жды за обе́дом кастеля́нша, нача́льница Татья́ны, приняла́сь её, как говори́тся, шпыня́ть и до того́ её довела́, что та, бе́дная, не зна́ла куда́ глаза́ деть[58]) и чуть не пла́кала с доса́ды. Гера́сим вдруг приподня́лся, протяну́л свою́ огро́мную ручи́щу[59]), наложи́л её на го́лову кастеля́нши и с тако́й угрю́мой свире́постью посмотре́л ей в лицо́, что та так и пригну́лась к столу́. Все умо́лкли. Гера́сим сно́ва взя́лся за ло́жку и продолжа́л хлеба́ть щи. «Вишь[60]), глухо́й чёрт, ле́ший!» [82]) — пробормота́ли все вполго́лоса, а кастеля́нша вста́ла да ушла́ в де́вичью. А то в друго́й раз, заме́тив, что Капито́н, тот са́мый Капито́н, о кото́ром сейча́с шла речь[61]), как-то сли́шком любе́зно раскаля́кался с Татья́ной, Гера́сим подозва́л его́ к себе́ па́льцем, отвёл в каре́тный сара́й, да ухвати́в за коне́ц стоя́вшее в углу́ дышло, слегка, но многозначительно погрозил ему им. С тех пор уж никто не заговаривал с Татьяной. И всё это ему сходило с рук[62]). Правда, кастелянша, как только прибежала в девичью, тотчас упала в обморок и вообще так искусно действовала, что в тот же день довела до сведения барыни грубый поступок Герасима; но причудливая старуха только рассмеялась несколько раз, к крайнему оскорблению кастелянши, заставила её повторить, как, дескать[63]), он принагнул тебя своей тяжёлой ручкой, и на другой день выслала Герасиму целковый. Она его жаловала, как верного и сильного сторожа. Герасим порядком её побаивался, но всё-таки надеялся на её милость и собирался уже отправиться к ней с просьбой, не позволит ли она ему жениться на Татьяне. Он только ждал нового кафтана, обещанного ему дворецким, чтоб в приличном виде[64]) явиться перед барыней, как вдруг этой самой барыне пришла в голову мысль выдать Татьяну за Капитона.

Читатель теперь легко сам поймёт причину смущения, овладевшего дворецким Гаврилой после разговора с госпожой. «Госпожа, — думал он, посиживая у окна, — конечно, жалует Герасима (Гавриле хорошо это было известно, и оттого он сам ему потакал), всё же он существо бессловесное; не доложить же госпоже, что вот Герасим, мол[65]), за Татья́ной уха́живает. Да и наконе́ц, оно́ и справедли́во, како́й он муж? А с друго́й стороны́, сто́ит э́тому, прости́ Го́споди, ле́шему[82]) узна́ть, что Татья́ну выдаю́т за Капито́на, ведь он всё в до́ме перелома́ет, ей-ей[66]). Ведь с ним не столку́ешь; ведь его́, чёрта э́такого, согреши́л я, гре́шный[67]), никаки́м спо́собом не улома́ешь... пра́во!»

Появле́ние Капито́на прерва́ло нить Гаври́линых размышле́ний. Легкомы́сленный башма́чник вошёл, заки́нул ру́ки наза́д и, развя́зно прислоня́сь к выдаю́щемуся углу́ стены́ по́дле две́ри, поста́вил пра́вую но́жку крестообра́зно перед ле́вой и встряхну́л голово́й. «Вот, мол[68]), я. Чего́ вам потре́бно?»

Гаври́ла посмотре́л на Капито́на и застуча́л па́льцами по косяку́ окна́. Капито́н то́лько прищу́рил немно́го свои́ оловя́нные гла́зки, но не опусти́л их, да́же усмехну́лся слегка́ и провёл руко́й по свои́м белесова́тым волоса́м, кото́рые так и еро́шились во все сто́роны. Ну да, я, мол, я. Чего́[69]) гляди́шь?

— Хоро́ш, — проговори́л[70]) Гаври́ла и помолча́л. — Хоро́ш, не́чего сказа́ть!

Капито́н то́лько пле́чиками передёрнул. «А ты небо́сь лу́чше?» поду́мал он про себя́.

— Ну, посмотри́ на себя́, ну, посмотри́, — продолжа́л с укори́зной Гаври́ла, — ну, на кого́ ты похо́ж?

Капито́н оки́нул споко́йным взо́ром свой иста́сканный и обо́рванный сюрту́к, свои́ запла́танные пантало́ны, с осо́бенным внима́нием осмотре́л он свои́ дыря́вые сапоги́, осо́бенно тот, о носо́к кото́рого так щеголева́то опира́лась его́ пра́вая но́жка, и сно́ва уста́вился на дворе́цкого.

— А что́-с?

— Что́-с? — повтори́л Гаври́ла. — Что́-с? Ещё ты говори́шь: что́-с? На чёрта ты похо́ж, согреши́л я, гре́шный, вот на кого́ ты похо́ж.

Капито́н прово́рно замига́л гла́зками.

«Руга́йтесь, мол, руга́йтесь, Гаври́ла Андре́ич», — поду́мал он опя́ть про себя́.

— Ведь[71]) вот ты опя́ть пьян был, — на́чал Гаври́ла, — ведь опя́ть? А? ну, отвеча́й же.

— По сла́бости здоро́вья спиртны́м напи́ткам подверга́лся действи́тельно, — возрази́л Капито́н.

— По сла́бости здоро́вья!.. Ма́ло тебя́ нака́зывают — вот что́; а в Пи́тере[72]) ещё был в уче́нье... Мно́гому ты вы́учился в уче́нье. То́лько хлеб да́ром ешь.

— В э́том слу́чае, Гаври́ла Андре́ич, оди́н мне судья́: сам Госпо́дь Бог — и бо́льше никого́. Тот оди́н зна́ет, како́в я челове́к на сем све́те суть[73]) и то́чно ли да́ром хлеб ем[74]). А что́ каса́ется в соображе́нии до пья́нства[75]) — то и в э́том слу́чае вино́ват не я, а бо́лее оди́н това́рищ; сам же меня́ он смани́л, да и сполитикова́л[76]), ушёл, то есть, а я...

— А ты оста́лся, гусь, на у́лице. Ах, ты забубённый челове́к! Ну, да де́ло не в том[77]), — продолжа́л дворе́цкий, — а вот что. Ба́рыне... — тут он помолча́л, — ба́рыне уго́дно, чтоб ты жени́лся. Слы́шишь? Они́ полага́ют[78]), что ты остепени́шься жени́вшись. Понима́ешь?

— Как не понима́ть-с.

— Ну, да. По-мо́ему, лу́чше бы тебя́ хороше́нько в ру́ки взять[79]). Ну, да э́то уж их де́ло. Что ж? ты согла́сен?

Капито́н оскла́бился.

— Жени́тьба де́ло хоро́шее для челове́ка, Гаври́ла Андре́ич; и я, с свое́й стороны́, с о́чень мои́м прия́тным удово́льствием.

— Ну, да, — возрази́л Гаври́ла и поду́мал про себя́: «Не́чего сказа́ть, аккура́тно говори́т челове́к». — То́лько вот что, — продолжа́л он вслух, — неве́сту-то[80]) тебе́ приискали́ нела́дную.

— А каку́ю, позво́льте полюбопы́тствовать?..

— Татья́ну.

— Татья́ну? И Капито́н вы́таращил глаза́ и отдели́лся от стены́.

— Ну, чего́[69]) ж ты всполохну́лся?.. Ра́зве она́ тебе́ не по нра́ву?

— Како́е не по нра́ву, Гаври́ла Андре́ич! де́вка она́ ничего́, рабо́тница, сми́рная де́вка... Да ведь[81]) вы са́ми зна́ете, Гаври́ла Андре́ич, ведь тот-то, ле́ший[82]), кики́мора-то[83]) степна́я, ведь он за ней...

— Зна́ю, брат, всё зна́ю, — с доса́дой прерва́л его́ дворе́цкий, — да ведь...

— Да поми́луйте, Гаври́ла Андре́ич! ведь он меня́ убьёт, ей-Бо́гу[84]), убьёт, как му́ху каку́ю-нибудь прихло́пнет; ведь у него́ рука́, ведь вы изво́льте са́ми посмотре́ть, что у него́ за рука́; ведь у него́ про́сто Ми́нина и Пожа́рского рука́[85]). Ведь он, глухо́й, бьёт и не слы́шит, ка́к бьёт! Сло́вно во сне кулачи́щами-то[86]) маха́ет. И уня́ть его́ нет никако́й возмо́жности; почему́? потому́, вы са́ми зна́ете, Гаври́ла Андре́ич, он глух и, вдоба́вку, глуп, как пя́тка[87]). Ведь э́то како́й-то зверь, и́дол, Гаври́ла Андре́ич, — ху́же и́дола... оси́на[88]) кака́я-то: за что́ же я тепе́рь от него́ страда́ть до́лжен? Коне́чно, мне уж тепе́рь всё нипочём[89]): обдержа́лся, обтерпе́лся челове́к, обма́слился, как коло́менский горшо́к[89а]), — всё же я, одна́ко, челове́к, а не како́й-нибудь, в са́мом де́ле, ничто́жный горшо́к.

— Зна́ю, зна́ю, не распи́сывай...

— Го́споди Бо́же мой![90]) — с жа́ром продолжа́л башма́чник, — когда́ же коне́ц? когда́, Го́споди! Горемы́ка я, горемы́ка неисхо́дная! Судьба́-то, судьба́-то моя, поду́маешь! В младь́х лета́х был я бит через не́мца хозя́ина[91]), в лу́чший суста́в жи́зни мое́й[92]) бит от своего́ же бра́та, наконе́ц, в зре́лые го́ды вот до чего́ дослужи́лся...

— Эх ты, моча́льная душа́[93]), — проговори́л Гаври́ла. — Чего́ распространя́ешься, пра́во!

— Как чего́, Гаври́ла Андре́ич! Не побо́ев я бою́сь, Гаври́ла Андре́ич! Накажи́[94]) меня́ господи́н в стена́х, да пода́й мне при лю́дях приве́тствие, и всё я в числе́ челове́ков, а тут ведь от кого́ прихо́дится...

— Ну, пошёл вон[95]), — нетерпели́во переби́л его́ Гаври́ла. Капито́н отверну́лся и поплёлся вон.

— А поло́жим, его́ бы не́ было[96]), — кри́кнул ему́ вслед дворе́цкий, — ты-то сам согла́сен?

— Изъявля́ю, — возрази́л Капито́н и удали́лся. Красноре́чие не покида́ло его́ да́же в кра́йних слу́чаях.

Дворе́цкий не́сколько раз прошёлся по ко́мнате.

— Ну, позови́те тепе́рь Татья́ну, — промо́лвил он, наконе́ц.

Через не́сколько мгнове́ний Татья́на вошла́ чуть слы́шно и останови́лась у поро́га.

— Что прика́жете, Гаври́ла Андре́ич? — проговори́ла она́ ти́хим го́лосом.

Дворе́цкий при́стально посмотре́л на неё.

— Ну, — промо́лвил он, — Таню́ша, хо́чешь за́муж идти́? Ба́рыня тебе́ жениха́ сыска́ла.

— Слу́шаю, Гаври́ла Андре́ич. А кого́ они́ мне в женихи́[97]) назнача́ют? — приба́вила она́ с нереши́тельностью.

— Капито́на, башма́чника.

— Слу́шаю-с.

— Он легкомы́сленный челове́к, э́то то́чно. Но госпожа́ в э́том слу́чае на тебя́ наде́ется.

— Слу́шаю-с.

— Одна́ беда́… ведь э́тот глуха́рь-то, Гара́ська, он ведь за тобо́й уха́живает. И чем ты э́того медве́дя к себе́ приворожи́ла? А ведь он убьёт тебя́, пожа́луй, медве́дь э́такой…

— Убьёт, Гаври́ла Андре́ич, беспреме́нно убьёт.

— Убьёт… Ну, э́то мы уви́дим. Как э́то ты гово́ришь: убьёт! Ра́зве он име́ет пра́во тебя́ убива́ть, посуди́ сама́.

— А не зна́ю, Гаври́ла Андре́ич, име́ет ли, нет ли[98]).

— Э́кая! ведь ты ему́ э́так ничего́ не обеща́ла…

— Чего́ изво́лите-с?[99])

Дворе́цкий помолча́л и поду́мал:

«Безотве́тная ты душа́!» — Ну, хорошо́, — приба́вил он, — мы ещё поговори́м с тобо́й, а тепе́рь ступай, Танюша; я вижу, ты точно смиренница.

Татьяна повернулась, оперлась легонько о притолоку и ушла.

«А может быть, барыня-то завтра и забудет об этой свадьбе, — подумал дворецкий, — я-то из чего растревожился? Озорника-то мы этого скрутим, коли что, в полицию знать дадим...» — Устинья Фёдоровна! — крикнул он громким голосом своей жене, — поставьте-ка[100]) самоварчик, моя почтенная...

Татьяна почти весь тот день не выходила из прачечной. Сперва она всплакнула, потом утёрла слёзы и принялась попрежнему за работу. Капитон до самой поздней ночи просидел в заведении с каким-то приятелем мрачного вида и подробно ему рассказал, как он в Питере проживал у одного барина, который всем бы взял, да за порядками был наблюдателен и притом одной ошибкой маленечко произволялся: хмелем гораздо забирал, а что до женского пола, просто во все качества доходил... Мрачный товарищ только поддакивал; но когда Капитон объявил, наконец, что он, по одному случаю, должен завтра же руку на себя наложить, мрачный товарищ заметил, что пора спать. И они разошлись грубо и молча.

Между тем ожидания дворецкого не сбылись. Барыню так заняла мысль о Капитоновой[101]) свадьбе, что она даже ночью только об этом разговаривала с одной из своих компаньонок, которая держалась у ней в доме единственно на случай бессонницы и, как ночной извозчик, спала днём. Когда Гаврила вошёл к ней после чаю с докладом, первым её вопросом было: а что наша свадьба, идёт?[102]) Он, разумеется, отвечал, что идёт как нельзя лучше[103]) и что Капитон сегодня же к ней явится с поклоном. Барыне что-то нездоровилось; она недолго занималась делами. Дворецкий возвратился к себе в комнату и созвал совет. Дело точно требовало особенного обсуждения. Татьяна не прекословила, конечно; но Капитон объявлял во всеуслышание, что у него одна голова, а не две и не три... Герасим сурово и быстро на всех поглядывал, не отходил от девичьего крыльца и, казалось, догадывался, что затевается что-то для него недоброе. Собравшиеся (в числе их присутствовал старый буфетчик, по прозвищу дядя Хвост, к которому все с почтеньем обращались за советом, хотя только и слышали от него, что: вот оно как, да: да, да, да) начали с того, что на всякий случай, для безопасности, заперли Капитона в чуланчик с водоочистительной машиной и принялись думать крепкую думу. Конечно, легко было прибегнуть к силе; но Боже сохрани![104]) выйдет шум, барыня обеспокоится — беда! Как быть?

Ду́мали, ду́мали, и вы́думали наконе́ц. Неоднокра́тно бы́ло заме́чено, что Гера́сим терпе́ть не мог пья́ниц... Си́дя за воро́тами, он вся́кий раз, быва́ло, с негодова́нием отвора́чивался, когда́ ми́мо его́ неве́рными шага́ми и с козырько́м фура́жки на у́хе проходи́л како́й-нибудь нагрузи́вшийся челове́к. Реши́ли научи́ть Татья́ну, чтобы она́ притвори́лась хмельно́й и прошла́ бы, поша́тываясь и пока́чиваясь, ми́мо Гера́сима. Бе́дная де́вка до́лго не соглаша́лась, но её уговори́ли; прито́м она́ сама́ ви́дела, что ина́че она́ не отде́лается от своего́ обожа́теля. Она́ пошла́. Капито́на вы́пустили из чула́нчика: де́ло всё-таки до него́ каса́лось. Гера́сим сиде́л на ту́мбочке у воро́т и ты́кал лопа́той в зе́млю... Из-за всех угло́в, из-под штор за о́кнами гляде́ли на него́...

Хи́трость удала́сь как нельзя́ лу́чше. Уви́дев Татья́ну, он сперва́, по обыкнове́нию, с ла́сковым мыча́ньем закива́л голово́й; пото́м вгляде́лся, урони́л лопа́ту, вскочи́л, подошёл к ней, придви́нул своё лицо́ к са́мому её лицу́... Она́ от стра́ха ещё бо́лее зашата́лась и закры́ла глаза́... Он схвати́л её за́ руку, помча́л через весь двор и, войдя́ с не́ю в ко́мнату, где заседа́л сове́т, толкну́л её пря́мо к Капито́ну. Татья́на так и обмерла́... Гера́сим постоя́л, погляде́л на неё, махну́л руко́й, усмехну́лся и пошёл, тяжело́ ступа́я, в свою́ камо́рку...

Це́лые су́тки не выходи́л он отту́да. Форе́йтор Анти́пка ска́зывал пото́м, что он сквозь щёлку ви́дел, как Гера́сим, си́дя на крова́ти, приложи́в к щеке́ ру́ку, ти́хо, ме́рно и то́лько и́зредка мыча́, пел, то́ есть пока́чивался, закрыва́л глаза́ и встря́хивал голово́й, как ямщики́ и́ли бурлаки́, когда́ они́ затя́гивают свои́ зауны́вные пе́сни. Анти́пке ста́ло жу́тко[105]), и он отошёл от ще́ли. Когда́ же на друго́й день Гера́сим вы́шел из камо́рки, в нём осо́бенной переме́ны нельзя́ бы́ло заме́тить. Он то́лько стал как бу́дто поугрю́мее, а на Татья́ну и на Капито́на не обраща́л ни мале́йшего внима́ния. В тот же ве́чер они́ о́ба с гуся́ми под мы́шкой[106]) отпра́вились к ба́рыне и через неде́лю жени́лись. В са́мый день сва́дьбы Гера́сим не измени́л своего́ поведе́ния ни в чём;[107]) то́лько с реки́ он прие́хал без воды́: он ка́к-то на доро́ге разби́л бо́чку; а на́ ночь в коню́шне он так усе́рдно чи́стил и тёр свою́ ло́шадь, что та шата́лась как были́нка на ветру́ и перева́ливалась с ноги́ на́ ногу под его́ желе́зными кулака́ми.

Всё э́то происходи́ло весно́ю. Прошёл ещё год, в тече́ние кото́рого Капито́н оконча́тельно спи́лся с кру́гу[108] и, как челове́к реши́тельно никуда́ него́дный, был отпра́влен с обо́зом в да́льнюю дере́вню, вме́сте с свое́й жено́й. В день отъе́зда он сперва́ о́чень храбри́лся и уверя́л, что куда́ его́ ни пошли[109]), хоть туда, где бабы рубахи моют да вальки на небо кладут[110]), он всё не пропадёт; но потом упал духом[111]), стал жаловаться, что его везут к необразованным людям, и так ослабел наконец, что даже собственную шапку на себя надеть не мог; какая-то сострадательная душа надвинула её ему на лоб, поправила козырёк и сверху её прихлопнула[112]). Когда же всё было готово и мужики уже держали вожжи в руках и ждали только слова: «с Богом!»[113]), Герасим вышел из своей каморки, приблизился к Татьяне и подарил ей на память красный бумажный платок, купленный им для неё же с год тому назад[114]). Татьяна, с великим равнодушием переносившая до того мгновения все превратности своей жизни, тут, однако, не вытерпела, прослезилась и, садясь в телегу, по-христиански три раза поцеловалась с Герасимом. Он хотел проводить её до заставы и пошёл сперва рядом с её телегой, но вдруг остановился на Крымском Броду[115]), махнул рукой и отправился вдоль реки.

Дело было к вечеру[116]). Он шёл тихо и глядел на воду. Вдруг ему показалось, что что-то барахтается в тине у самого берега. Он нагнулся и увидел небольшого щенка, белого с чёрными пятнами, который, несмотря на все свои старания, никак не мог вылезть из воды, бился, скользил и дро-

жа́л всем свои́м мо́креньким и ху́деньким те́лом[117]).
Гера́сим погляде́л на несча́стную собачо́нку, подхвати́л её одно́й руко́й, су́нул её к себе́ в па́зуху и пусти́лся больши́ми шага́ми домо́й. Он вошёл в свою́ камо́рку, уложи́л спасённого щенка́ на крова́ти, прикры́л его́ свои́м тяжёлым армяко́м, сбе́гал сперва́ в коню́шню за соло́мой, пото́м в ку́хню за ча́шечкой молока́. Осторо́жно отки́нув армя́к и разостла́в соло́му, поста́вил он молоко́ на крова́ть. Бе́дной собачо́нке бы́ло всего́ неде́ли три, глаза́ у ней проре́зались неда́вно; оди́н глаз да́же каза́лся немно́жко бо́льше друго́го; она́ ещё не уме́ла пить из ча́шки и то́лько дрожа́ла и щу́рилась. Гера́сим взял её лего́нько двумя́ па́льцами за го́лову и принагну́л её мо́рдочку к молоку́. Соба́чка вдруг начала́ пить с жа́дностью, фы́ркая, тряся́сь и захлёбываясь. Гера́сим гляде́л, гляде́л да как засмеётся[118]) вдруг... Всю ночь он вози́лся с ней, укла́дывал её, обтира́л и засну́л, наконе́ц, сам во́зле неё каки́м-то ра́достным и ти́хим сном.

Ни одна́ мать так не уха́живает за свои́м ребёнком, как уха́живал Гера́сим за свое́й пито́мицей. (Соба́ка оказа́лась су́чкой.) Пе́рвое вре́мя она́ была́ о́чень слаба́, тщеду́шна и собо́й некраси́ва, но понемно́гу спра́вилась и вы́ровнялась, а ме́сяцев че́рез во́семь, благодаря́ неусы́пным попече́ниям своего́ спаси́теля, преврати́лась в о́чень ла́дную собачку испанской породы, с длинными ушами, пушистым хвостом в виде трубы и большими выразительными глазами. Она страстно привязалась к Герасиму и не отставала от него ни на шаг, всё ходила за ним, повиливая хвостиком. Он и кличку ей дал — немые знают, что мычание их обращает на себя внимание других, — он назвал её Муму. Все люди в доме её полюбили и тоже кликали Мумуней[119]). Она была чрезвычайно умна, ко всем ласкалась, но любила одного Герасима. Герасим сам её любил без памяти... и ему было неприятно, когда другие её гладили: боялся он, что ли, за неё, ревновал ли он к ней — Бог весть! Она его будила по утрам, дёргая его за полу, приводила к нему за повод старую водовозку, с которой жила в большой дружбе, с важностью на лице отправлялась вместе с ним на реку, караулила его мётлы и лопаты, никого не подпускала к его каморке. Он нарочно для неё прорезал отверстие в своей двери, и она как будто чувствовала, что только в Герасимовой[51]) каморке она была полная хозяйка, и потому, войдя в неё, тотчас с довольным видом вскакивала на кровать. Ночью она не спала вовсе, но не лаяла без разбору, как иная глупая дворняжка, которая, сидя на задних лапах и подняв морду и зажмурив глаза, лает просто от скуки, так, на звёзды, и обыкновенно три раза сряду — нет!

тонкий голосок Муму́ никогда́ не раздава́лся да́-ром: ли́бо чужо́й бли́зко подходи́л к забо́ру, ли́бо где́-нибудь поднима́лся подозри́тельный шум и́ли шо́рох... Сло́вом, она́ сторожи́ла отли́чно. Пра́в-да, был ещё, кро́ме её, на дворе́ ста́рый пёс жёл-того цве́та, с бу́рыми кра́пинами, по и́мени Волчо́к, но того́ никогда́, да́же но́чью, не спуска́ли с цепи́, да и он сам, по дря́хлости свое́й, во́все не тре́бовал свобо́ды — лежа́л себе́, сверну́вшись, в свое́й ко-нуре́ и лишь и́зредка издава́л си́плый, почти́ без-зву́чный лай, кото́рый то́тчас же прекраща́л, как бы сам чу́вствуя всю его́ бесполе́зность. В госпо́д-ский дом Муму́ не ходи́ла и, когда́ Гера́сим носи́л в ко́мнаты дрова́, всегда́ остава́лась назади́ и не-терпели́во его́ выжида́ла у крыльца́, навостри́в у́ши и повора́чивая го́лову то напра́во, то вдруг нале́во, при мале́йшем сту́ке за дверя́ми...

Так прошёл ещё год. Гера́сим продолжа́л свои́ дво́рнические заня́тия и о́чень был дово́лен свое́й судьбо́й, как вдруг произошло́ одно́ неожи́данное обстоя́тельство... а и́менно: в оди́н прекра́сный ле́тний день ба́рыня с свои́ми прижива́лками[120]) расха́живала по гости́ной. Она́ была́ в ду́хе, смея́-лась и шути́ла; прижива́лки смея́лись и шути́ли то́же, но осо́бенной ра́дости они́ не чу́вствовали: в до́ме не о́чень-то[121]) люби́ли, когда́ на ба́рыню находи́л весёлый час, потому́ что, во-пе́рвых, она́ тогда́ тре́бовала от всех неме́дленного и по́лного сочу́вствия и серди́лась, е́сли у кого́-нибудь лицо́ не сия́ло удово́льствием, а во-вторы́х, э́ти вспы́шки у ней[129]) продолжа́лись недо́лго и обыкнове́нно заменя́лись мра́чным и ки́слым расположе́нием ду́ха. В тот день она́ ка́к-то счастли́во вста́ла; на ка́ртах ей вы́шло четы́ре вале́та:[122]) исполне́ние жела́ний (она́ всегда́ гада́ла по утра́м), — и чай ей показа́лся осо́бенно вку́сным, за что го́рничная получи́ла на слова́х похвалу́ и деньга́ми[123]) гри́венник. С сла́дкой улы́бкой на смо́рщенных губа́х гуля́ла ба́рыня по гости́ной и подошла́ к окну́. Перед окно́м был разби́т палиса́дник, и на са́мой сре́дней клу́мбе, под ро́зовым кусто́чком, лежа́ла Муму́ и тща́тельно гры́зла кость. Ба́рыня уви́дала её.

— Бо́же мой! — воскли́кнула она́ вдруг, — что́ э́то за соба́ка?

Прижива́лка, к кото́рой обрати́лась ба́рыня, замета́лась, бе́дненькая[124]), с тем тоскли́вым беспоко́йством, кото́рое обыкнове́нно овладева́ет подвла́стным челове́ком, когда́ он ещё не зна́ет хороше́нько, как ему́ поня́ть восклица́ние нача́льника.

— Н... н... е зна́ю-с, — пробормота́ла она́: — ка́жется, немо́го.

— Бо́же мой! — прервала́ ба́рыня, — да она́

премиленькая[125]) собачка! Велите её привести. Давно она у него? Как же я это её не видала до сих пор?.. Велите её привести.

Приживалка тотчас порхнула в переднюю.

— Человек, человек! — закричала она, — приведите поскорей Муму! Она в палисаднике.

— А её Муму зовут, — промолвила барыня, — очень хорошее имя.

— Ах, очень-с! — возразила приживалка. — Скорей, Степан!

Степан, дюжий парень, состоявший в должности лакея[37]), бросился сломя голову в палисадник и хотел было[36]) схватить Муму, но та ловко вывернулась из-под его пальцев и, подняв хвост, пустилась во все лопатки[126]) к Герасиму, который в то время у кухни выколачивал и вытряхивал бочку, перевёртывая её в руках, как детский барабан. Степан побежал за ней вслед, начал ловить её у самых ног её хозяина; но проворная собачка не давалась чужому в руки, прыгала и увёртывалась. Герасим смотрел с усмешкой на всю эту возню; наконец, Степан с досадой приподнялся и поспешно растолковал ему знаками, что барыня, мол, требует твою собаку к себе. Герасим немного изумился, однако подозвал Муму, поднял её с земли и передал Степану. Степан принёс её в гостиную и поставил на паркет. Барыня начала её ласковым голосом подзыва́ть к себе́. Муму́, о́троду ещё не быва́вшая в таки́х великоле́пных поко́ях, о́чень испуга́лась и бро́силась бы́ло к две́ри, но, отто́лкнутая услу́жливым Степа́ном, задрожа́ла и прижа́лась к стене́.

— Муму́, Муму́, подойди́ же ко мне, подойди́ к ба́рыне, — говори́ла госпожа́, — подойди́, глу́пенькая... не бо́йся...

— Подойди́, подойди́, Муму́, к ба́рыне, — тверди́ли прижива́лки, — подойди́.

Но Муму́ тоскли́во огля́дывалась круго́м и не тро́галась с ме́ста.

— Принеси́те ей что-нибудь пое́сть, — сказа́ла ба́рыня. — Кака́я она́ глу́пая! к ба́рыне не идёт. Чего́ бои́тся?

— Они́ не привы́кли ещё[127]), — произнесла́ ро́бким и уми́льным го́лосом одна́ из прижива́лок.

Степа́н принёс блю́дечко с молоко́м, поста́вил перед Муму́, но Муму́ да́же и не поню́хала молока́ и всё дрожа́ла и озира́лась попре́жнему.

— Ах, кака́я же ты! — промо́лвила ба́рыня, подходя́ к ней, нагну́лась и хоте́ла погла́дить её, но Муму́ су́дорожно поверну́ла го́лову и оска́лила зу́бы. Ба́рыня прово́рно отдёрнула ру́ку...

Произошло́ мгнове́нное молча́ние. Муму́ сла́бо ви́згнула, как бы жа́луясь и извиня́ясь... Ба́рыня отошла и нахмурилась. Внезапное движение собаки её испугало.

— Ах! — закричали разом все приживалки, — не укусила ли она вас, сохрани Бог! (Муму в жизнь свою никого никогда не укусила.) Ах, ах!

— Отнести ее вон, — проговорила изменившимся голосом старуха. — Скверная собачонка! какая она злая!

И, медленно повернувшись, направилась она в свой кабинет. Приживалки робко переглянулись и пошли было за ней, но она остановилась, холодно посмотрела на них, промолвила: «Зачем это? ведь я вас не зову» — и ушла.

Приживалки отчаянно замахали руками на Степана; тот подхватил Муму и выбросил её поскорей за дверь, прямо к ногам Герасима, — а через полчаса в доме уже царствовала глубокая тишина, и старая барыня сидела на своём диване мрачнее грозовой тучи.

Какие безделицы, подумаешь, могут иногда расстроить человека![128])

До самого вечера барыня была не в духе, ни с кем не разговаривала, не играла в карты и ночь дурно провела. Вздумала, что одеколон ей подали не тот, который обыкновенно подавали, что подушка у ней[129]) пахнет мылом, и заставила кастеляншу всё бельё перенюхать — словом, волновалась и «горячилась» очень. На другое утро она велела позвать Гаврилу часом ранее обыкновенного[130]).

— Скажи, пожалуйста, — начала она, как только тот, не без некоторого внутреннего лепетания, переступил порог её кабинета, — что это за собака у нас на дворе всю ночь лаяла? мне спать не дала!

— Собака-с... какая-с... может быть, немого собака-с, — произнёс он не совсем твёрдым голосом.

— Не знаю, немого ли, другого ли кого, только спать мне не дала. Да я и удивляюсь, на что такая пропасть собак! Желаю знать. Ведь есть у нас дворная собака?

— Как же-с, есть-с. Волчок-с.

— Ну, чего ещё, на что нам ещё собака?[131]) Только одни беспорядки заводить. Старшего нет в доме — вот что. И на что немому собака? Кто ему позволил собак у меня на дворе держать? Вчера я подошла к окну, а она в палисаднике лежит, какую-то мерзость притащила, грызёт, — а у меня там розы посажены...

Барыня помолчала.

— Чтоб её сегодня же здесь не было...[132]) слышишь?

— Слушаю-с.

— Сего́дня же. А тепе́рь ступа́й. К докла́ду я тебя́ пото́м позову́.

Гаври́ла вы́шел.

Проходя́ через гости́ную, дворе́цкий для поря́дка переста́вил колоко́льчик с одного́ стола́ на друго́й, втихомо́лочку вы́сморкал в за́ле свой ути́ный нос и вы́шел в пере́днюю. В пере́дней на ко́нике спал Степа́н, в положе́нии уби́того во́ина на бата́льной карти́не, су́дорожно вы́тянув обнажённые но́ги из-под сюртука́, служи́вшего ему́ вме́сто одея́ла. Дворе́цкий растолка́л его́ и вполго́лоса сообщи́л ему́ како́е-то приказа́ние, на кото́рое Степа́н отвеча́л полузевко́м, полухо́хотом. Дворе́цкий удали́лся, а Степа́н вскочи́л, натяну́л на себя́ кафта́н и сапоги́, вы́шел и останови́лся у крыльца́. Не прошло́ пяти́ мину́т, как появи́лся Гера́сим с огро́мной вяза́нкой дров за спино́й, в сопровожде́нии неразлу́чной Муму́. (Ба́рыня свою́ спа́льню и кабине́т прика́зывала прота́пливать да́же ле́том.) Гера́сим стал бо́ком перед две́рью, толкну́л её плечо́м и ввали́лся в дом с свое́й но́шей. Муму́, по обыкнове́нию, оста́лась его́ дожида́ться. Тогда́ Степа́н, улучи́в удо́бное мгнове́ние, внеза́пно бро́сился на неё, как ко́ршун на цыплёнка, придави́л её гру́дью к земле́, сгрёб в оха́пку и, не наде́в да́же картуза́, вы́бежал с не́ю на двор, сел на пе́рвого попа́вшегося изво́зчика и поскака́л в Охо́тный ряд[133]). Там он ско́ро отыска́л покупщика́, кото́рому уступи́л её за полти́нник, с тем то́лько, чтобы он[134]) по кра́йней ме́ре неде́лю продержа́л её на при́вязи, и то́тчас верну́лся; но, не доезжа́я до́ дому; слез с изво́зчика и, обойдя́ двор круго́м, с за́днего переу́лка, через забо́р переско́чил на двор; в кали́тку-то он побоя́лся идти́, как бы не встре́тить Гера́сима.

Впро́чем, его́ беспоко́йство бы́ло напра́сно: Гера́сима уже́ не́ было на дворе́. Вы́йдя и́з дому, он то́тчас хвати́лся Муму́; он ещё не по́мнил, чтоб она́ когда́-нибудь не дожда́лась его́ возвраще́ния, стал повсю́ду бе́гать, иска́ть её, кли́кать по-сво́ему... бро́сился в свою́ камо́рку, на сенова́л, вы́скочил на у́лицу — туда́-сюда́... Пропа́ла! Он обрати́лся к лю́дям, с са́мыми отча́янными зна́ками спра́шивал о ней, пока́зывая на пол-арши́на от земли́, рисова́л ее рука́ми... Ины́е то́чно не зна́ли, куда́ дева́лась Муму́, и то́лько голова́ми кача́ли, други́е зна́ли и посме́ивались ему́ в отве́т, а дворе́цкий при́нял чрезвыча́йно ва́жный вид и на́чал крича́ть на кучеро́в. Тогда́ Гера́сим побежа́л со двора́ доло́й.

Уже́ смерка́лось, как он верну́лся. По его́ истомлённому ви́ду, по неве́рной похо́дке, по запылённой оде́жде его́, мо́жно бы́ло предполага́ть, что он успе́л обежа́ть пол-Москвы́. Он остановился против барских окон, окинул взором крыльцо, на котором столпилось человек семь дворовых, отвернулся и промычал ещё раз: «Муму!» — Муму не отозвалась. Он пошёл прочь. Все посмотрели ему вслед, но никто не улыбнулся, не сказал слова... а любопытный форейтор Антипка рассказывал на другое утро в кухне, что немойде[135]) всю ночь охал.

Весь следующий день Герасим не показывался, так что вместо его за водой должен был съездить кучер Потап, чем кучер Потап очень остался недоволен. Барыня спросила Гаврилу, исполнено ли её приказание. Гаврила отвечал, что исполнено. На другое утро Герасим вышел из своей каморки на работу. К обеду он пришёл, поел и ушёл опять, никому не поклонившись. Его лицо, и без того безжизненное, как у всех глухонемых, теперь словно окаменело. После обеда он опять уходил со двора, но ненадолго, вернулся и тотчас отправился на сеновал. Настала ночь, лунная, ясная. Тяжело вздыхая и беспрестанно поворачиваясь, лежал Герасим и вдруг почувствовал, как будто его дёргают за полу; он весь затрепетал, однако не поднял головы, даже зажмурился; но вот опять его дёрнули, сильнее прежнего; он вскочил... перед ним, с обрывком на шее, вертелась Муму. Протяжный крик радости вырвался из его безмолвной груди; он схватил Муму, стиснул её в своих объятиях; она в одно мгновенье облизала ему нос, глаза, усы и бороду... Он постоял, подумал, осторожно слез с сенника, оглянулся и, удостоверившись, что никто его не увидит, благополучно пробрался в свою каморку. Герасим уже прежде догадался, что собака пропала не сама собой, что её, должно быть, свели по приказанию барыни; люди-то ему объяснили знаками, как его Муму на неё окрысилась, — и он решился принять свои меры. Сперва он накормил Муму хлебушком, обласкал её, уложил, потом начал соображать, да всю ночь напролёт и соображал, как бы получше её спрятать[136]). Наконец, он придумал весь день оставлять её в каморке и только изредка к ней наведываться, а ночью выводить. Отверстие в двери он плотно заткнул старым своим армяком и чуть свет был уже на дворе, как ни в чём не бывало[137]), сохраняя даже (невинная хитрость!) прежнюю унылость на лице. Бедному глухому в голову не могло прийти, что Муму себя визгом своим выдаст: действительно, все в доме скоро узнали, что собака немого воротилась и сидит у него взаперти, но, из сожаления к нему и к ней, а отчасти, может быть, и из страху перед ним, не давали ему понять, что проведали его тайну. Дворецкий один почесал у себя в затылке, да махнул рукой. «Ну, мол, Бог с ним![138]) Авось до барыни не дойдёт!»[139]) Зато никогда немой так не усердствовал, как в тот день: вычистил и выскреб весь двор, выполол все травки до единой[140]), собственноручно повыдергал все колышки в заборе палисадника, чтобы удостовериться, довольно ли они крепки, и сам же их потом вколотил — словом, возился и хлопотал так, что даже барыня обратила внимание на его радение. В течение дня Герасим раза два украдкой ходил к своей затворнице; когда же наступила ночь, он лёг спать вместе с ней, в каморке, а не на сеновале и только во втором часу вышел погулять с ней на чистом воздухе. Походив с ней довольно долго по двору, он уже было собирался вернуться, как вдруг за забором, со стороны переулка, раздался шорох. Муму навострила уши, зарычала, подошла к забору, понюхала и залилась громким и пронзительным лаем. Какой-то пьяный человек вздумал там угнездиться на ночь. В это самое время барыня только что засыпала после продолжительного «нервического волнения»: эти волнения у ней всегда случались после слишком сытного ужина[141]). Внезапный лай её разбудил; сердце у ней забилось и замерло. «Девки, девки! — простонала она. — Девки!» Перепуганные девки вскочили к ней в спальню. «Ох, ох, умираю! — проговорила она, тоскливо разводя руками. —

Опя́ть, опя́ть э́та соба́ка! .. Ох, пошли́те за до́кто-ром. Они́ меня́ уби́ть хотя́т... Соба́ка, опя́ть соба́-ка! Ох!» и она́ заки́нула го́лову наза́д, что должно́ бы́ло означа́ть о́бморок. Бро́сились за до́ктором, то́ есть за дома́шним ле́карем²⁷) Харито́ном. Этот ле́-карь, кото́рого всё иску́сство состоя́ло в том, что он носи́л сапоги́ с мя́гкими подо́швами, уме́л дели-ка́тно бра́ться за пульс, спал четы́рнадцать часо́в в су́тки, а остально́е вре́мя всё вздыха́л да бес-преста́нно по́тчевал ба́рыню лаврови́шневыми ка́-плями¹⁴²), — э́тот ле́карь то́тчас прибежа́л, покури́л жжёными пе́рьями и, когда́ ба́рыня откры́ла глаза́, неме́дленно поднёс ей на сере́бряном под-но́сике рю́мку с заве́тными ка́плями. Ба́рыня при-няла́ их, но то́тчас же слезли́вым го́лосом ста́ла опя́ть жа́ловаться на соба́ку, на Гаври́лу, на свою́ у́часть, на то, что её, бе́дную, ста́рую же́нщину, все бро́сили, что никто́ о ней не сожале́ет, что все хотя́т её сме́рти. Ме́жду тем несча́стная Муму́ про-должа́ла ла́ять, а Гера́сим напра́сно стара́лся ото-зва́ть её от забо́ра. «Вот... вот... опя́ть...» — про-лепета́ла ба́рыня и сно́ва подкати́ла глаза́ под лоб. Ле́карь шепну́л де́вке, та бро́силась в пере́днюю, растолка́ла Степа́на, тот побежа́л буди́ть Гаври́лу, Гаври́ла сгоряча́ веле́л подня́ть весь дом.

Гера́сим оберну́лся, увида́л замелька́вшие огни́ и те́ни в о́кнах и, почу́яв се́рдцем беду́, схвати́л

Муму́ подмы́шку, вбежа́л в камо́рку и за́перся. Через не́сколько мгнове́ний пять челове́к ломи́лись в его́ дверь, но, почу́вствовав сопротивле́ние засо́ва, останови́лись. Гаври́ла прибежа́л в стра́шных попыха́х[143]), приказа́л им всем остава́ться тут до утра́ и карау́лить, а сам пото́м ри́нулся в де́вичью и через ста́ршую компаньо́нку Любо́вь Люби́мовну, с кото́рой вме́сте крал и учи́тывал чай, са́хар и про́чую бакале́ю, веле́л доложи́ть ба́рыне, что соба́ка, к несча́стью, опя́ть отку́да-то прибежа́ла, но что за́втра же её в живы́х[144]) не бу́дет и чтобы ба́рыня сде́лала ми́лость, не гне́валась и успоко́илась. Ба́рыня, вероя́тно, не та́к-то бы ско́ро успоко́илась, да[145]) ле́карь второпя́х вме́сто двена́дцати ка́пель нали́л це́лых со́рок: си́ла лавро́ви́шенья и поде́йствовала — через че́тверть часа́ ба́рыня уже́ почива́ла кре́пко и ми́рно; а Гера́сим лежа́л, весь бле́дный, на свое́й крова́ти и си́льно сжима́л пасть Муму́.

На сле́дующее у́тро ба́рыня проснулась дово́льно по́здно. Гаври́ла ожида́л её пробужде́ния для того́, чтобы дать прика́з к реши́тельному на́тиску на Гера́симово[51]) убе́жище, а сам гото́вился вы́держать си́льную грозу́. Но грозы́ не приключи́лось. Лёжа в посте́ли, ба́рыня веле́ла позва́ть к себе́ ста́ршую прижива́лку.

— Любо́вь Люби́мовна, — начала́ она́ ти́хим и слабым го́лосом; она́ иногда́ люби́ла прики́нуться за́гнанной и сиротли́вой страда́лицей; не́чего и говори́ть[146]), что всем лю́дям в до́ме станови́лось тогда́ о́чень нело́вко,[147]) — Любо́вь Люби́мовна, вы ви́дите, каково́ моё положе́ние; поди́те, душа́ моя́, к Гаври́ле Андре́ичу, поговори́те с ним: неуже́ли для него́ кака́я-нибудь собачо́нка доро́же споко́йствия, само́й жи́зни его́ ба́рыни? Я бы не жела́ла э́тому ве́рить, — приба́вила она́ с выраже́нием глубо́кого чу́вства, — поди́те, душа́ моя́, бу́дьте так добры́, поди́те к Гаври́ле Андре́ичу.

Любо́вь Люби́мовна отпра́вилась в Гаври́лину[51]) ко́мнату. Неизве́стно, о чём происходи́л у них разгово́р; но спустя́ не́которое вре́мя це́лая толпа́ люде́й подвига́лась через двор в направле́нии камо́рки Гера́сима: впереди́ выступа́л Гаври́ла, приде́рживая руко́ю карту́з, хотя́ ве́тру не́ было; о́коло него́ шли лаке́и и повара́; из окна́ гляде́л дя́дя Хвост и распоряжа́лся, то́ есть то́лько так рука́ми разводи́л; позади́ всех пры́гали и кривля́лись мальчи́шки, из кото́рых полови́на набежа́ла чужи́х[148]). На у́зкой ле́стнице, веду́щей к камо́рке, сиде́л оди́н карау́льщик; у две́ри стоя́ло два други́х, с па́лками. Ста́ли взбира́ться по ле́стнице, за́няли её во всю длину́. Гаври́ла подошёл к две́ри, сту́кнул в неё кулако́м, кри́кнул:

— Отвори́.

Послышался сдавленный лай; но ответа не было.

— Говорят, отвори! — повторил он.

— Да, Гаврила Андреич, — заметил снизу Степан: — ведь он глухой — не слышит.

Все рассмеялись.

— Как же быть? — возразил сверху Гаврила.

— А у него там дыра в двери, — отвечал Степан, — так вы палкой-то пошевелите.

Гаврила нагнулся.

— Он её армяком каким-то заткнул, дыру-то.

— А вы армяк пропихните внутрь.

Тут опять раздался глухой лай.

— Вишь, вишь,[60]) сама сказывается, — заметили в толпе[149]) и опять рассмеялись.

Гаврила почесал у себя за ухом.

— Нет, брат, — продолжал он, наконец, — армяк-то ты пропихивай сам, коли хочешь.

— А что ж, извольте!

И Степан вскарабкался наверх, взял палку, просунул внутрь армяк и начал болтать в отверстии палкой, приговаривая: «Выходи, выходи!» Он ещё болтал палкой, как вдруг дверь каморки быстро распахнулась — вся челядь тотчас кубарем скатилась с лестницы, Гаврила прежде всех. Дядя Хвост запер окно.

— Ну, ну, ну, ну, — кричал Гаврила со двора, — смотри у меня, смотри!

Герасим неподвижно стоял на пороге. Толпа собралась у подножия лестницы. Герасим глядел на всех этих людишек в немецких кафтанах сверху, слегка опёрши руки в бока; в своей красной, крестьянской рубашке, он казался каким-то великаном перед ними. Гаврила сделал шаг вперёд.

— Смотри, брат, — промолвил он, — у меня не озорничай.

И он начал ему объяснять знаками, что барыня, мол[150]), непременно требует твоей собаки: подавай, мол, её сейчас, а то беда тебе будет.

Герасим посмотрел на него, указал на собаку, сделал знак рукою у своей шеи, как бы затягивая петлю, и с вопросительным лицом взглянул на дворецкого.

— Да, да, — возразил тот, кивая головой, — да, непременно.

Герасим опустил глаза, потом вдруг встряхнулся, опять указал на Муму, которая всё время стояла возле него, невинно помахивая хвостом и с любопытством поводя ушами, повторил знак удушения над своей шеей и значительно ударил себя в грудь, как бы объявляя, что он сам берёт на себя уничтожить Муму.

— Да ты обманешь, — замахал ему в ответ Гаврила.

Герасим поглядел на него, презрительно усмехнулся, опять ударил себя в грудь и захлопнул дверь.

Все молча переглянулись.

— Что ж это такое значит? — начал Гаврила. — Он заперся?

— Оставьте его, Гаврила Андреич, — промолвил Степан, — он сделает, коли обещал. Уж он такой.. Уж коли он обещает, это наверное. Он на это не то, что наш брат[151]). Что правда, то правда. Да.

— Да, — повторили все и тряхнули головами. — Это так. Да.

Дядя Хвост отворил окно и тоже сказал: «Да».

— Ну, пожалуй, посмотрим, — возразил Гаврила, — а караул всё-таки не снимать. Эй ты, Ерошка! — прибавил он, обращаясь к какому-то бледному человеку, в жёлтом нанковом казакине, который считался садовником, — что тебе делать? Возьми палку да сиди тут, и чуть что, тотчас ко мне беги!

Ерошка взял палку и сел на последнюю ступеньку лестницы. Толпа разошлась, исключая немногих любопытных и мальчишек, а Гаврила вернулся домой и через Любовь Любимовну велел доложить барыне, что всё исполнено, а сам, на всякий случай, послал форейтора к хожалому. Барыня завязала в носовом платке узелок, налила на него одеколону, понюхала, потёрла себе виски, накушалась чаю и, будучи ещё под влиянием лавро-вишневых капель, заснула опять.

Спустя час после всей этой тревоги дверь каморки растворилась и показался Герасим. На нём был праздничный кафтан; он вёл Муму на верёвочке. Ерошка посторонился и дал ему пройти. Герасим направился к воротам. Мальчишки и все бывшие на дворе проводили его глазами, молча. Он даже не обернулся; шапку надел только на улице. Гаврила послал вслед за ним того же Ерошку, в качестве наблюдателя. Ерошка увидал издали, что он вошёл в трактир вместе с собакой, и стал дожидаться его выхода.

В трактире знали Герасима и понимали его знаки. Он спросил себе щей с мясом и сел, опершись руками на стол. Муму стояла подле его стула, спокойно поглядывая на него своими умными глазками. Шерсть на ней так и лоснилась: видно было, что её недавно вычесали. Принесли Герасиму щей. Он накрошил туда хлеба, мелко изрубил мясо и поставил тарелку на пол. Муму принялась есть с обычной своей вежливостью, едва прикасаясь мордочкой до кушанья. Герасим долго глядел на неё; две тяжёлые слезы выкатились вдруг из его глаз: одна упала на крутой лобик собачки, другая — во щи. Он заслонил лицо своё рукой. Муму съела полтарелки и отошла облизываясь. Герасим встал, заплати́л за щи и вы́шел вон, сопровожда́емый не́сколько недоумева́ющим взгля́дом полово́го. Еро́шка, увида́в Гера́сима, заскочи́л за́ угол и, пропусти́в его́ ми́мо, опя́ть отпра́вился вслед за ним.

Гера́сим шёл не торопя́сь и не спуска́л Муму́ с верёвочки. Дойдя́ до угла́ у́лицы, он останови́лся, как бы в разду́мье, и вдруг бы́стрыми шага́ми отпра́вился пря́мо к Кры́мскому Бро́ду. На доро́ге он зашёл на двор до́ма, к кото́рому пристра́ивался фли́гель, и вы́нес отту́да два кирпича́ подмы́шкой. От Кры́мского Бро́да он поверну́л по бе́регу, дошёл до одного́ ме́ста, где стоя́ли две ло́дочки с вёслами, привя́занными к ко́лышкам (он уже́ заме́тил их пре́жде), и вскочи́л в одну́ из них вме́сте с Муму́. Хромо́й старичи́шка вы́шел из-за шалаша́, поста́вленного в углу́ огоро́да, и закрича́л на него́. Но Гера́сим то́лько закива́л голово́ю и так си́льно приня́лся грести́, хотя́ и про́тив тече́нья реки́, что в одно́ мгнове́ние умча́лся сажене́й[152]) на́ сто. Стари́к постоя́л, постоя́л, почеса́л себе́ спи́ну снерва́ ле́вой, пото́м пра́вой руко́й и верну́лся, хрома́я, в шала́ш.

А Гера́сим всё грёб да грёб[153]). Вот уже́ Москва́ оста́лась назади́. Вот уже́ потяну́лись по берега́м луга́, огоро́ды, поля́, ро́щи, показа́лись и́збы. Пове́яло дере́вней[154]). Он бро́сил вёсла, прини́к головóй к Мумý, котóрая сидéла перед ним на сухóй переклáдинке — дно бы́ло залито водóй — и остáлся неподвúжным, скрестúв могýчие рýки у ней на спинé, мéжду тем как лóдку волнóй помалéньку относúло назáд к гóроду. Наконéц, Герáсим вы́прямился, поспéшно, с каки́м-то болéзненным озлоблéнием на лицé, окýтал верёвкой взя́тые им кирпичи́, придéлал пéтлю, надéл её на шéю Мумý, пóднял её над рекóй, в послéдний раз посмотрéл на неё… Онá довéрчиво и без стрáха погля́дывала на негó и слегкá махáла хвóстиком. Он отвернýлся, зажмýрился и разжáл рýки… Герáсим ничегó не слыхáл, ни бы́строго ви́зга пáдающей Мумý, ни тя́жкого всплéска воды́; для негó сáмый шýмный день был безмóлвен и беззвýчен, как ни однá сáмая ти́хая ночь не беззвýчна для нас, и когдá он снóва раскры́л глазá, попрéжнему спеши́ли по рекé, как бы гоня́ясь друг за дрýжкой, мáленькие вóлны, попрéжнему поплёскивали они́ о бокá лóдки, и тóлько далекó назади́ к бéрегу разбегáлись каки́е-то широ́кие круги́.

Ерóшка, как тóлько Герáсим скры́лся у негó и́з виду, вернýлся домóй и донёс всё, что ви́дел.

— Ну, да, — замéтил Степáн, — он её утóпит. Уж мóжно быть спокóйным. Кóли он что обещáл…

В течéние дня никтó не видáл Герáсима. Он дóма

не обедал. Настал вечер; собрались к ужину все, кроме его.

— Экой чудной этот Герасим! — пропищала толстая прачка, — можно ли эдак из-за собаки проклажаться!.. Право!

— Да Герасим был здесь, — воскликнул вдруг Степан, загребая себе ложкой каши[155]).

— Как? когда?

— Да вот часа два тому назад. Как же. Я с ним в воротах повстречался; он уж опять отсюда шёл, со двора выходил. Я было хотел спросить его насчёт собаки-то, да он, видно, не в духе был. Ну и толкнул меня; должно быть, он так только отсторонить меня хотел: дескать, не приставай, — да такого необыкновенного леща мне в становую жилу поднёс, важно так, что ой-ой-ой![156])—И Степан с невольной усмешкой пожался и потёр себе затылок. — Да, — прибавил он, — рука у него, благодатная рука[157]), нечего сказать.

Все посмеялись над Степаном и после ужина разошлись спать.

А между тем в ту самую пору по Т...у шоссе усердно и безостановочно шагал какой-то великан, с мешком за плечами и с длинной палкой в руках. Это был Герасим. Он спешил без оглядки, спешил домой, к себе в деревню, на родину. Утопив бедную Муму, он прибежал в свою каморку, провор-

но уложи́л ко́й-какие пожи́тки[158]) в ста́рую попо́-
ну, связа́л её узло́м, взвали́л на плечо́ да и был
тако́в[159]). Доро́гу он хорошо́ заме́тил ещё тогда́,
когда́ его везли́ в Москву́; дере́вня, из кото́рой
ба́рыня его взяла́, лежа́ла всего́ в двадцати́ пяти́
верста́х[160]) от шоссе́. Он шёл по нём с како́й-то
несокруши́мой отва́гой, с отча́янной и вме́сте ра́-
достной реши́мостью. Он шёл; широко́ распахну́-
лась его́ грудь; глаза́ жа́дно и пря́мо устреми́лись
вперёд. Он торопи́лся, как бу́дто мать-стару́шка
ждала́ его́ на ро́дине, как бу́дто она́ звала́ его к себе́
по́сле до́лгого стра́нствования на чужо́й стороне́,
в чужи́х лю́дях... То́лько что наступи́вшая ле́т-
няя ночь была́ тиха́ и тепла́; с одно́й стороны́, там,
где со́лнце закати́лось, край не́ба ещё беле́л и сла́бо
румя́нился после́дним о́тблеском исчеза́вшего дня,
— с друго́й стороны́ уже́ вздыма́лся си́ний, седо́й
су́мрак. Ночь шла отту́да. Перепела́ со́тнями гре-
ме́ли круго́м, вза́пуски перекли́кивались коростели́... Гера́сим не мог их слы́шать, не мог он слы́-
шать та́кже чу́ткого ночно́го шушу́канья дере́вьев,
ми́мо кото́рых его проноси́ли си́льные его́ но́ги, но
он чу́вствовал знако́мый за́пах поспева́ющей ржи,
кото́рым так и ве́яло с тёмных поле́й, чу́вствовал,
как ве́тер, лете́вший к нему́ навстре́чу — ве́тер
с ро́дины, — ла́сково ударя́л в его лицо́, игра́л в его́
волоса́х и бороде́; ви́дел перед собо́й беле́ющую

доро́гу — доро́гу домо́й, пряму́ю как стрела́; ви́-
дел в не́бе несчётные звёзды, свети́вшие его́ путь,
и как лев выступа́л си́льно и бо́дро, так что когда́
восходя́щее со́лнце озари́ло свои́ми вла́жно-кра́с-
ными луча́ми то́лько что расходи́вшегося молодца́,
ме́жду Москво́й и им легло́ уже́ три́дцать пять
вёрст...

Че́рез два дня́ он уже́ был до́ма, в свое́й избён-
ке, к вели́кому изумле́нию солда́тки, кото́рую
туда́ посели́ли. Помоля́сь перед образа́ми, то́тчас
же отпра́вился он к ста́росте[161]). Ста́роста снача́ла
бы́ло удиви́лся; но сеноко́с то́лько что начина́лся:
Гера́симу, как отли́чному рабо́тнику, тут же да́ли
косу́ в ру́ки — и пошёл коси́ть он по-стари́нному,
коси́ть так, что мужико́в то́лько пробира́ло, гля́дя
на его́ разма́хи да загрёбы...

А в Москве́, на друго́й день по́сле побе́га Гера́-
сима, хвати́лись его́. Пошли́ в его́ камо́рку, обша́-
рили её, сказа́ли Гаври́ле. Тот пришёл, посмотре́л,
пожа́л плеча́ми и реши́л, что немо́й ли́бо бежа́л,
ли́бо уто́п вме́сте с свое́й глу́пой соба́кой. Да́ли
знать поли́ции, доложи́ли ба́рыне. Ба́рыня раз-
гне́валась, распла́калась, веле́ла отыска́ть его́ во
что бы то ни ста́ло[162]), уверя́ла, что она́ никогда́ не
прика́зывала уничтожа́ть соба́ку, и, наконе́ц, та-
ко́й дала́ нагоня́й Гаври́ле, что тот це́лый день
то́лько потря́хивал голово́й да пригова́ривал: «Ну!»

— пока́ дя́дя Хвост его́ не урезо́нил, сказа́в ему́: «Ну-у!» Наконе́ц, пришло́ изве́стие из дере́вни о прибы́тии туда́ Гера́сима. Ба́рыня не́сколько успоко́илась; сперва́ бы́ло отдала́ приказа́ние неме́дленно вы́требовать его́ наза́д в Москву́, пото́м, одна́ко, объяви́ла, что тако́й неблагода́рный челове́к ей во́все не ну́жен. Впро́чем, она́ ско́ро сама́ по́сле того́ умерла́; а насле́дникам её бы́ло не до Гера́сима[163]): они́ и остальны́х-то ма́тушкиных[51]) люде́й распусти́ли по обро́ку[164]).

И живёт до сих пор Гера́сим бобылём в свое́й одино́кой избе́; здоро́в и могу́ч попре́жнему, и рабо́тает за четырёх попре́жнему, и попре́жнему ва́жен и степе́нен. Но сосе́ди заме́тили, что со вре́мени своего́ возвраще́ния из Москвы́ он совсе́м переста́л води́ться с же́нщинами, да́же не гляди́т на них, и ни одно́й соба́ки у себя́ не де́ржит. «Впро́чем, — толку́ют мужики́, — его́ же сча́стье, что ему́ не на́добеть бабья́[165]); а соба́ка — на что ему́ соба́ка? к нему́ на двор во́ра о́селом не зата́щишь!»[166]) Такова́ хо́дит молва́ о богаты́рской си́ле немо́го.

1852 г.

ON THE USE OF THE NOTES
AND VOCABULARY

The purpose of the Notes is to simplify the task of reading "Mumu". For convenience they have been kept as short as possible. When an idiomatic translation of a difficult phrase has been given, the Vocabulary may provide a literal translation of individual words.

The Vocabulary contains all words used in the text except the most common, and entries have been made as short as possible. Readers are expected to know the cases taken by common prepositions, as this information is only given where there could be any doubt. Irregular conjugations and declensions are given only when the irregular forms occur in the text, or when the information is otherwise important. The student is urged to refer to the text of "Mumu" to learn how a word is used in context.

Most of the words omitted from the vocabulary may be found in *A First Russian Vocabulary* by Patrick Waddington.

Verbs are listed with the imperfective aspect first. If the perfective occurs in the text it is usually listed in this form also. No separate entries have been made for perfectives in по- and simple perfectives in за-. If a verb has only one aspect, if the other aspect does not correspond exactly in meaning, or if it is no longer current, only the aspect occurring in the text is listed. This applies particularly to the many obsolete and colloquial verbs found in this text. The following conventions apply to nouns: a form in brackets with no explanation represents the genitive singular, e.g: бурла́к (-а́). Forms printed after a semicolon are the nominative and genitive plurals in that order, e.g:

вор (-а; -ы, -о́в). These same conventions are used in recent Soviet works on stress.

Abbreviations used in the Notes and Vocabulary are:

acc. accusative	m. masculine
adj. adjective	n. noun
coll. colloquial	neut. neuter
conj. conjunction	obs. obsolete
d. dative	o.s. oneself
decl. declines	pf. perfective
dim. diminutive	pl. plural
f. feminine	p.p. past participle
fig. figurative	prep. prepositional
g. genitive	p.t. past tense
imp. imperfective	s.f. short form
impers. impersonal	sg. singular
indecl. indeclinable	s.o. someone
inf. infinitive	s.t. something
instr. instrumental	

NOTES

¹) барыня, *mistress*. Serf owners were referred to and addressed by the serfs as барин; a female serf owner was барыня.

²) двенадцати вершков роста. One вершóк was 4.4 cm. Sixteen of them made one аршúн, 71 cm. When stating a person's height it was customary to give the number of vershoks over two arshins; Gerasim was therefore 2 arshins 12 vershoks in height, or six foot five inches: 195 cm.

³) сложённый богатырём, *of powerful build*, literally: built like a богатúрь. The bogatyrs were valorous and romantic heroes of the былúны, epic folk-poems, some of which have been handed down with frequent adaptations from the Kiev period of Russian history (c. 860—1240). The word богатúрь is also used of a man of outstandingly powerful build or of strong character.

⁴) считался едва ли не самым исправным тягловым мужиком, *was considered just about the most hard-working taxed peasant*. Another meaning of исправный is *punctual* (here: in the payment of taxes) which makes just as good sense as *hard-working*. For an explanation of тягло see the Introduction. Мужúк in the meaning *peasant* (крестьянин) is obsolete and regional.

⁵) он работал за четверых, *he did the work of four*. Чéтверо, the "collective numeral" is used less often in modern Russian than previously, though is still common.

⁶) дело спорилось в его руках, *work (he undertook) was done quickly and well*.

⁷) о Петров день, on St Peter's day. О, meaning "on" in a time sense, is comparatively rare. It sometimes takes the prep. instead of the acc.

⁸) хоть бы (& inf.) Here translate, *He could if he wanted* ...

⁹) трёхаршинный. See note 2 for the length of an arshin.

¹⁰) плечей. An obs. g. pl. of плечо. Today the usual form is плеч.

¹¹) пошла бы за него замуж, *would have married him*. Пойти is here used instead of the more usual выйти.

¹²) крепко не полюбилось ему сначала, *at first he took a strong dislike to*.

¹³) что с ним такое деется, *what was happening to him*. Деяться is a regional peasant colloquial word meaning *to happen*.

¹⁴) Бог весть, *God knows!* This use of a loan word from Church Slavonic in an originally religious context is a characteristic of Russian. Apart from this crystallised phrase, the verb ведети (from which весть is derived) is obsolete; ведать, -аю, -аешь is used in the sense *to have knowledge of*.

¹⁵) ни щепок не ..., *not so much as a splinter of wood*.

¹⁶) застрянет ли ... кляча-водовозка. A difficult passage to disentangle: *and if, when he was in charge of her, the decrepit old mare which drew the cart were to get stuck somewhere with the water-barrel when it was muddy*. The ли in this and succeeding clauses has conditional force; the use by the author of the

perfective future denotes that the conditions are frequent and repeated.

¹⁷) самоё, acc. f. from сама́, *itself*.

¹⁸) стукнул **их** друг о дружку лбами, *knocked their heads together*. О with acc. means *against*. Note also this use of the instrumental case.

¹⁹) что хоть в полицию их потом не води, *that they did not even have to take them to the police afterwards*. The second person imperative may be used to express compulsion. Не води, therefore: *they did not have to take*.

²⁰) он считал их за своих, *he considered them as his own people*.

²¹) увидит. Note this use, referred to above in note 16, of the perfective future to express habitual or frequentative conditions. Compare the English "If he *saw* . . . he *would catch* them . . and throw . . ." Often a writer makes it clear that the frequent actions are definitely in the past by inserting the word бывало between commas. See below, note 25.

²²) себе сам, *to suit himself*.

²³) богатырский. See note 3 for an explanation of а богатырь.

²⁴) А пуд was about 16.38 kg.

²⁵) бывало. An example of the usage referred to in note 21. The verbs are apparently in the future tense, but the presence of бывало makes it clear that the sense is past.

²⁶) в дворниках. This is an idiom: *as a yard keeper*. (Literally: *in the capacity of a yard keeper*.)

²⁷) домашний лекарь, *household doctor*. Quite often a serf owner would appoint one of his house serfs doctor to deal with

minor cases of accident or sickness. A serf in the Turgenev household, Porfiry Timofeevich Kudryashov, by all accounts a highly intelligent and cultured man, actually studied medicine by himself and at Berlin University while he was with Ivan Sergeevich in that city. He succeeded in qualifying as a dentist. Ivan Sergeevich and his brother frequently urged their mother to free him from serfdom. She always refused, although she paid him four times as much as her other serfs, presumably because she valued his services so much. The word лекарь is now obs. and coll., having been replaced by врач.

28) столичный, *metropolitan*. Kapiton considers himself better than his fellows because he has lived in the capital (столица) and absorbed its superior (in his view) customs and civilization. Moscow was at this time only the second city in Russia; the capital was of course St Petersburg.

29) которому не в Москве бы жить, *who did not want to live in Moscow*.

30) зашла однажды о нем речь, *they began talking about him*. This is an idiom; it means literally *once speech about him began to go*. Cf. note 61.

31) дворецкий. The senior serf, a steward or major-domo, who was directly responsible to the mistress for the work and discipline of all the other house-serfs.

32) судя по одним . . . глазкам, *to judge by his eyes alone*. Note this use of один, *alone, only* and compare it with further examples in the text, such as note 38.

33) Отчего же не женить-с? *Well, why not marry him off?* The -с is the initial letter of сударыня, *ma'am* (or сударь, *sir*). (Both words are now obsolete). It is usually a sign of politeness or even subservience; sometimes it is humorous or ironical, and this is the way it is most commonly used nowadays.

³⁴) пойдёт for вы́йдет. See note 11 above.

³⁵) из деся́тка его́ не вы́кинешь, *there are worse men.* The idea of this idiom is that, given any ten men including Kapiton, he will not be the worst of the bunch.

³⁶) Гаврила хотел было что-то возразить, *Gavrila was about to make some objection,* (but did not.) The particle было suggests that the action was interrupted suddenly; here Gavrila did not reply because he thought it would be better to say nothing.

³⁷) состоявшая в должности прачки, *who was a laundrymaid.* Literally: *being in the position of a laundrymaid.* Состоять в in similar contexts means *to work in* (some capacity).

³⁸) одно тонкое белье. Одно, *only.* Cf. note 32 for this use of один.

³⁹) осьми for восьми. An archaic form of the genitive of восемь.

⁴⁰) на Руси, *in Russia.* In the earliest written documents extant Русь was used as a collective noun meaning *the Russians.* It is now regarded as a poetical name for Russia. The term Россия is comparatively recent, having come into use little earlier than the sixteenth century.

⁴¹) держали в черном теле, *ill-treated* (idiom).

⁴²) работала она за двоих, *she did the work of two.* Cf. note 5.

⁴³) видала. Вида́ть and слыха́ть, perfectives увида́ть, услы-ха́ть, *to hear* and *to see,* are never used in the present tense. In the past they stand in roughly the same relationship to видеть and слышать as ходить and ездить do to идти and ехать. Thus Видали ли вы Царя? means *Have you (ever) seen the Tsar?* Я слыхал про это, *I have heard (more than once)*

about this. They are frequently used in the negative, especially with никогда: Я никогда не видал. There is no essential difference between the perfectives увидать and увидеть or услыхать and услышать. Видать and слыхать are now considered coll.

[44]) родни у ней все равно что не было, *it was as if she had no relations*. See also note 129.

[45]) доводился ей дядей, *was her uncle*. (Literally: was related to her as an uncle.)

[46]) дядья́. The more usual plural of дя́дя is дя́ди.

[47]) в мужиках состояли, *were peasants*. Cf. notes 37 and 26 above.

[48]) при одном имени, *at the very name*. Cf. notes 38 and 32.

[49]) бывало is here used with the imperfective past, but again to emphasise the frequentative nature of the actions described. Cf. 21 and 25.

[50]) кротким ли . . ., робостью ли . . . *whether it was by the gentle . . . or by the shyness . . .*

[51]) барынин, *belonging to the* барыня. A grammar should be consulted for the full declension of this obsolescent type of adjective, (which includes proper surnames in -ов and -ин.) Other examples occurring in "Mumu" are: матушкин, Капитонов, Герасимов, Гаврилин.

[52]) пряничный петушок. A пря́ник is a sweet cake made with honey or treacle, often shaped like a cockerel (as Gerasim's was) or some other animal.

[53]) было хотела. See note 36 for было.

[54]) куда ни пойдет, *wherever she might go*.

74

⁵⁵) он уж тут как тут, *there he was sure to be* (idiom.)

⁵⁶) махает, coll. for the more usual ма́шет.

⁵⁷) рада не рада, *whether she liked it or not.*

⁵⁸) не знала куда глаза деть, *she did not know where to look*, (literally: *where to put her eyes.*)

⁵⁹) ручища, *mighty hand.* The suffixes -ища, -ище have augmentative force.

⁶⁰) вишь, an interjection often meaning видишь. It may also be an interjection expressing surprise or impatience.

⁶¹) о котором сейчас шла речь, *about whom they were talking now.* This is a simpler form of the same idiom as the phrase in note 30.

⁶²) и всё это ему сходило с рук, *he got away with all this* (idiom.)

⁶³) дескать. A particle inserted to make it clear that the words surrounding it are someone's actual words. It is sometimes equivalent to the English "he said, you say, she says", etc. In this particular instance the clause как ... ручкой is clearly a report of what the mistress actually said.

⁶⁴) в приличном виде, *looking decent* (idiom). Literally: *in a decent aspect.*

⁶⁵) мол. Used in the same way as дескать (note 63), but here Gavrila is considering what exact words he might use to the mistress. This translation of the words не доложить ... ухаживает would convey the sense in English: *Should I not inform the mistress and say, "Gerasim has been courting Tatyana"*?

⁶⁶) ей-ей or ей-Богу, *really and truly.*

[67] согрешил я, грешный, *God have mercy upon me, a sinner.* (Literally: I, a sinner, have sinned.)

[68] мол. Cf. notes 65 and 63.

[69] чего, *why?* The use of the g. of что in this meaning is coll. Что or отчего are more literary forms. Kapiton's speech is difficult to follow. It is highly colloquial, and occasionally ungrammatical; it is often unclear, no doubt because of his propensity for alcohol, and is at the same time highly coloured in its imagery.

[70] проговорил. The prefix про- is frequently used for the perfective aspect of a verb of saying, uttering, or making a noise. There are numerous other examples in "Mumu": пролепетать, пробормотать, промолвить, простонать.

[71] ведь has various meanings: *you see, you know, maybe,* and here it is equivalent to не правда ли meaning *isn't it, won't he, doesn't she,* etc. Translate this sentence: *You've been drunk again, haven't you?*

[72] Питер was the colloquial name given to St Petersburg, Санкт-Петербург, by those familiar with the city.

[73] When speaking of God, Kapiton naturally tries to use religious language in the shape of phrases culled from the liturgy of the Orthodox Church and language with a definite Church Slavonic flavour. Сем is from сий (obs.) *this.* Суть is the third person *plural* of быть, so Kapiton's attempt at religious language is not entirely accurate—he wants the singular: *And that one being knows what sort of a person I am (on this earth).*

[74] точно ли даром хлеб ем, *whether I really am fed for doing nothing.*

[75] А что касается в соображении до пьянства, *as for (my) being drunk.* В соображении, which (if it means anything here)

means *in consideration,* appears in Kapiton's muddled speech to be superfluous, for что касается with до or without means *as for.*

⁷⁶) сманул, да и сполитиковал. Two obsolete colloquial words. Сманул=обманул, *deceived.* Политиковать imp/pf с-, *to act slyly* (с политикой).

⁷⁷) дело не в том, *that's not what I wanted to talk to you about.* Дело here, *matter* (for discussion.)

⁷⁸) они полагают. For an explanation of this use of the plural see note 127. (The phrase means *she supposes.*)

⁷⁹) лучше бы тебя хорошенько в руки взять, *it would be better if someone kept you strictly in hand.*

⁸⁰) невесту-то. The suffix -то is a relic of the definite article in Old North Russian dialects. It was placed after the noun. Another use of -то is to emphasise the word it is attached to; in this case it may be placed after any part of speech.

⁸¹) ведь. See note 71.

⁸²) леший, *wood-goblin.* Russian peasants believed that a spirit lived in and owned every wood. These sylvan spirits were believed to mislead travellers, steal away children, and protect birds and animals in the wood. The peasantry and huntsmen would attempt to propitiate the resident леший by gifts of game and salted bread left on tree stumps. Kapiton uses the word merely as a term of abuse.

⁸³) кикимора. Another word of abuse. Strictly speaking it means an impure spirit in the form of a woman.

⁸⁴) ей-Богу. See note 66.

⁸⁵) Минина и Пожарского рука, *a hand like Minin and*

Pozharsky's. Minin and Pozharsky raised a popular army in Nizhnii-Novgorod in 1611 which expelled the Polish occupying forces. A monument to them was erected in Moscow in Red Square in front of the храм Василия Блаженного in 1826. Minin is depicted with his mighty arm outstretched, and Kapiton is referring to this striking feature of the monument.

[86]) кулачищами-то, *huge fists*. See notes 59 and 80.

[87]) глуп, как пятка, *as stupid as the heel of my shoe*.

[88]) осина, *an asp*. In Russian folklore the asp was considered an impure tree, maybe because of the Western Christian tradition that Judas Iscariot hanged himself on one.

[89]) конечно, мне уж теперь всё нипочём, *of course I really don't care a hang about it all now*. The ensuing words of Kapiton are fraught with difficulties, because of his peasant language and his characteristic confused manner of expression. Обдержаться has two meanings; *to get accustomed to* or (now obsolete) to become worn by use so that the article is familiar and comfortable to use. In the latter meaning the phrase обдержался, как коломенский горшок is recognised as a proverb or saying, although Kapiton seems to have the other meaning in his head at the same time! By человек he really means я.[89a]) А коломенский горшок is a cheap earthenware pot made in Kolomna (industrial town 115 kilometres S E of Moscow). These pots presumably had the reputation of being hard wearing—they would become dirty and cracked, but not break easily. Kapiton is saying that he is like the pot in one way—poor and knocked about by use, hard work and misfortune, but really he *is* a human being, not just a cheap earthenware pot.

[90]) Господи Боже мой *O, Lord God*. Господи and Боже are the Church Slavonic vocatives of Господь and Бог. They were used in colloquial speech originally as conscious quotations from the Orthodox liturgy; they have been absorbed into common usage often with little thought of their religious origin.

[91]) В младых летах был я бит через немца хозяина, *When I was young I was beaten by a master who was a German.* Here через means *by* (a dialect use of the word.) Младой is another Slavonism (borrowing from Church Slavonic) usually found in poetry and now obsolete.

[92]) в лучший сустав жизни моей, *in the prime of (my) life.* A curious use of сустав normally meaning *joint*.

[93]) мочальная душа, *spineless creature.* Мочало is bast, which was often made into a sort of wash-cloth (мочáлка). Gavrila appears to be likening Kapiton's character to a limp, unresisting мочалка.

[94]) накажи . . . да подай . . . The imperatives here imply the meaning "*Let* my master punish me . . ., but *let* him speak politely . . ." в стенах, *in private*; при людях, *when people are present.*

[95]) пошел вон, *go away, get out.* The past tense of пойти is often used as the imperative.

[96]) А положим, его бы не было, *and supposing he weren't here?*

[97]) кого они в женихи назначают, *who does she say my husband* (literally *fiancé*) *is to be?* Назначать в женихи literally: *to designate as fiancé*—here в appears to take the nominative plural. In fact женихи is a relic of an archaic accusative form no longer current. For use of the plural они see note 127.

[98]) имеет ли, нет ли *whether he has or not.*

[99]) чего изволите-с? *I beg your pardon, sir.*

[100]) поставьте-ка самоварчик. The suffix -ка softens a command: *Just put the samovar on the table.*

[101]) See note 51.

[102]) что наша свадьба, идет? Что is used to mean *how is*? *How's our wedding coming along? Is it going all right?*

[103]) идет как нельзя лучше, *couldn't be going better.*

[104]) Боже сохрани! *God forbid that there should(be)* . . .

[105]) Антипке стало жутко, *Antipka began to feel uneasy.*

[106]) с гусями под мышкой, i.e. as a gift for the mistress.

[107]) Герасим . . . ни в чем, *Gerasim did not change his demeanour in the slightest.*

[108]) спился с кругу (coll.), *became an inveterate drunkard.*

[109]) куда его ни пошли, *wherever they might send him.* The pronouns and adverbs кто, что, когда, где, etc. are reinforced by the particle ни (standing before the verb) which gives them the meaning *whoever, whatever*, etc.

[110]) да вальки на небо кладут, *and do the most fantastic things with their washing.* А валёк is a washing board with a handle and cross-indentations, used for squeezing dirt or soap out of the garment being washed. This phrase, which means literally *and put their wash boards on the sky*, is nonsense, and is deliberately intended to create a ludicrous impression. Kapiton says he is ready to go anywhere, to a normal village (где бабы рубахи моют) or even to any fantastic, fairy-tale, extraordinary place where the mistress may care to send him.

[111]) упал духом, *his spirits fell.*

[112]) This description of Kapiton's hat being put on for him because he was unable to do it for himself is an example of a feature of the author's style. He aims to make Kapiton's drunken misery more vivid (and more comical) by an objective reference to a concrete detail incidental to that misery.

113) с Богом! *Good luck!* This expression not only wishes success in an enterprise: it is also used as an order to move. Here it is the signal to the driver to move off.

114) с год тому назад, *about a year before.* С with the acc. may be used to mean *approximately.*

115) Крымский Брод, *The Crimean Ford.* Situated in the S E of Moscow. The name is borne today by a suspension bridge, the Крымский мост, spanning the river Moskva.

116) Дело было к вечеру, *It happened towards evening.* Дело is here used in the sense *occurrence.*

117) мокреньким и худеньким телом, Diminutives of both nouns and adjectives are widely used in Russian. This phrase could be translated *its wet, thin little body.* The diminutive nature of the body is expressed by making the adjectives applied to it diminutives. It is not always possible or desirable to convey the meaning of the diminutive in the English translation. Cf. notes 124 and 125.

118) как followed by the future tense implies suddenness. *All of a sudden he burst out laughing.* It need not be reinforced by вдруг as it is here.

119) кликали Мумуней. *They called it Mumu.* Mumu is not declined elsewhere in the story: here Turgenev chooses to make quite clear that it is instrumental after the verb *call* by adding -ней.

120) приживáлка (m: приживáльщик) *a hanger-on, sponger.* A feature of the homes of landowners in nineteenth century Russia was the presence of ruined or impoverished relations, friends, or associates living at the expense of the master of the house.

121) очень-то. An example of the emphatic use of -то mentioned in note 80.

[122]) ей вышло четыре валета, *she had received four jacks.* Literally: *four jacks had come out to her.*

[123]) на словах, *in words*; деньгами, *in money.*

[124]) бедненькая. The use of a diminutive adjective often, as here, has an emotive tinge. The author is displaying a little extra sympathy towards the приживалка by writing бедненькая rather than бедная.

[125]) да она премиленькая собачка. The prefix пре- is occasionally attached to an adjective to mean *extremely, very.* Note again the use of diminutives (adj. and n.) with emotive force. The mistress feels sentimental at the sight of Mumu; *Ah! It's a lovely little dog.*

[126]) во все лопатки, *as fast as she could go* (idiom) Лопатка means literally *shoulder-blade.*

[127]) Они не привыкли ещё, *she's not used to you yet.* It was a peasant custom to use the plural instead of the singular when addressing superiors to show politeness to the person addressed. Tatyana does this when talking to Gavrila (note 97) and Gavrila does it when speaking to Kapiton *about* the mistress, whom he respects (note 78).

[128]) This reflection has been thought by some commentators to show a lapse from the objectivity which the author observes throughout the rest of the story.

[129]) у ней. This form of the g. pronoun is no longer usual.

[130]) часом ранее обыкновенного, *an hour ealier than usual.* The instrumental часом expresses degree: earlier *by* one hour. Ранее (comparative adverb) is an alternative to раньше.

[131]) Ну, чего ещё, на что нам ещё собака? *Well, why another? What do we want another dog for?* На что, *for what purpose.* For чего see note 69.

¹³²) Чтоб ее сегодня же здесь не было, *you are to get rid of the dog before the day is out.* This sentence is in the subjunctive of command (or perhaps of wish). Some such phrase as я велю́ (хочу́) is inderstood. The particle же emphasises the preceding word: сегодня же, *this very day.*

¹³³) Охотный ряд. Literally *Game market.* Till 1961 a main street in Moscow had this name. Ряд, *row* was used for a row of stalls, hence a *market* (рынок). A market, where game, fish and other provisions were sold was held in this street until the beginning of the present century.

¹³⁴) с тем, чтобы он . . ., *on condition that he would* . . .

¹³⁵) -де. This is equivalent to дескать. See note 63.

¹³⁶) как бы получше её спрятать, *how best to hide her.*

¹³⁷) как ни в чём не бывало, *as if nothing had happened.*

¹³⁸) Бог с ним. Literally: *may God be with him.* The name of God was frequently on the lips of Russians before the present régime declared religion a "myth". This was partly due to a deep religious sense, which, according to many observers, was a national characteristic (at least in the lower classes) before the revolution. However, in phrases such as this one, which is still current, the real meaning has been lost. It probably means no more to the speaker than *good luck to him.*

¹³⁹) авось до барыни не дойдёт, *maybe it won't get to the mistress's ears.*

¹⁴⁰) все травки до единой, *every single weed.*

¹⁴¹) In the following twenty-five lines or so, the author directs powerful irony against the mistress and Khariton. Note the phrases браться за пульс (the usual expression, щу́пать пульс is presumably too good for Khariton) and потчевал . . .

каплями, which has something of the flavour of the English *regaled her with laurel-water drops.*

^{142}) лавровишневые капли, *laurel-water drops.* Made from the leaf of the cherry laurel, these drops were commonly used for their sedative effect. An overdose can be dangerous.

^{143}) в страшных попыхах, *panting for all he was worth.* This noun is rarely met with; пыхтеть is a coll. verb for *to pant* or *puff.*

^{144}) в живых, *among the living*, hence *alive.*

^{145}) барыня не так-то скоро . . ., да . . . *the mistress would not have calmed down so quickly as she did had not the doctor . . .* Here the suffix -то means *just, precisely.* Therefore, так-то скоро, literally: *just as quickly.*

^{146}) нечего и говорить, literally: *there is nothing to say*, hence *needless to say.*

^{147}) всем . . . становилось . . . неловко, *everyone felt uneasy.*

^{148}) из которых половина набежала чужих, *half of whom did not belong to the household.* Набегать *imp/pf* набежать *means to accumulate, come running together.*

^{149}) заметили в толпе, *someone in the crowd remarked.*

^{150}) мол. Contrast this with previous examples of мол in "Mumu". It cannot be said that подавай ее сейчас etc. are Gavrila's actual words, since he is communicating by means of signs. Here мол implies that this is an estimation of what Gavrila would have said or seems to be saying.

^{151}) Он на это не то, что наш брат, *he is not as we are in this* i.e. he keeps his promises. Наш брат, *people like us, our sort.* Что правда, то правда, *that's the plain truth.*

[152]) са́жень. A sazhen is three arshins (see note 2.) or 2.13 metres. Pl:са́жени g. pl: са́жен or саженéй. It may also be stressed: сажéнь, nominative pl: сажéни, g. pl: сажéней.

[153]) Герасим всё грёб да грёб, *Gerasim rowed and rowed.* This is an idiom; do not try to translate всё.

[154]) Повеяло деревней, literally: *there came a breath of the country.* вéять imp/pf по- is an impersonal verb usually meaning *to smell of* (& instr.) Gerasim takes Mumu away from the town into the country which he feels to be his home.

[155]) каша. A dish made by boiling grain, most commonly buckwheat, in water or milk. For lack of a more specific English word, каша is often translated not strictly correctly as "porridge".

[156]) в становую жилу, *across the back of my neck.* жила, *vein, tendon.* становой, *backbone* (adj.)
поднести: used here colloquially and ironically meaning *to treat s. o. to s. t.* He gave me the benefit of a really tremendous wallop. важно так, что ой-ой-ой, *such a terrific whack that it hurt, I can tell you.*

[157]) благодатный, literally: *beneficial.* Stepan is, of course, using it ironically.

[158]) кой-какие пожитки, *one or two belongings.* Кой-какие, more usually кое-какие, means *some* in the sense of *the odd few, one or two.*

[159]) да и был таков, *and made off at once.* И был таков is an idiom which might also be translated *and that was the last anyone saw of him.*

[160]) верста́, g. sg: версты́, асс. sg: версту́/вёрсту, pl: вёрсты, вёрст, вёрстам. A *verst* (the normal anglicised form of the word) was 1.06 kilometres.

[161]) староста, *village headman*. Read the section on serfdom in the Introduction for an explanation of this word.

[162]) во что бы то ни стало, *at all costs*.

[163]) (им) было не до Герасима, (*they*) *were not interested in Gerasim*.

[164]) остальных-то матушкиных людей распустили по оброку *they freed the rest of their mother's serfs from service on payment of obrok*. (Read Introduction for an explanation). This is what Turgenev did when his mother died.

[165]) его же счастье, что ему не надобеть бабья (peasant coll.) *he's lucky not to need women*.

[166]) к нему на двор вора оселом не затащишь, *wild horses wouldn't drag a thief onto his property*. Осел, *a noose*. Селом, (here) *by force* (насильно). Двор, (*peasant*) *household*.

VOCABULARY

А

а то or else
авось (coll.) maybe
аккуратно carefully
акт statement, document
антресоль (f.) entresol, mezzanine
армяк (-á) peasant's thick coat

Б

баба woman
бакалея groceries
балкон balcony
барабан drum
барахтаться imp/pf **по-** to flounder
барин master (see note 1.)
барский of the manor-house, landowner's
батальный battle
башмачник shoemaker
беда (pl: беды) trouble, disaster
безвинно innocently
безделица trifle
безжизненный lifeless
беззвучный soundless
безмолвие speechlessness
безопасность (f.) safety
безостановочно without stopping
безответный meek
белесоватый whitish, whitening
белеть, -ею, -еешь imp/pf **по-** to look, show white
белокурый fair-haired

бельё linen
берёзовый birch
беспокоиться imp/pf **о-** to be disturbed
беспокойство anxiety
бесполезность uselessness
беспорядок disorder
беспрестанно ceaselessly
бессловесный humble, lowly
бессонница sleeplessness
бешенство rage
бить, бью, бьёшь imp/pf **по-** р. р: **бит(ый)** to beat
биться to struggle
благодаря (& d.) thanks to
благополучно safely
блюдечко, dim. of **блюдо** dish, bowl
бобыль (coll.) lonely man
жить бобылём to lead a lonely life
Бог God
богатырский titanic; see note 3.
бодро cheerfully
бок (pl: -á) side
болезненный sickly, morbid, painful
болтать imp/pf **с- палкой** to waggle a stick
бормотать, -очу, -очешь imp/pf **про-** to mutter
борода (acc: бороду) beard
бочка (g. pl: бочек) barrel
бояться, боюсь, боишься imp/pf **по-** (& g.) to be afraid of

87

бра́ться imp/pf **взя́ться за**
(& acc.) to take up, pick up, seize
брод ford
броса́ть imp/pf **бро́сить, -о́шу,
о́сишь** to reject, forget about
броса́ться на (& acc.) to throw
o.s. upon, rush upon
брю́хо belly
буди́ть imp/pf **раз-** to waken,
rouse
будь: не будь were it not for
бума́жный cotton
бурла́к (-а́) barge hauler
бу́рый brown
буфе́тчик serf who looked after
the **буфе́т** (sideboard) and the
crockery, linen and beverages
which it contained.
бык (-а́) bull
были́нка (g. pl: **-нок**) blade of
grass
быт way of life

В

ваго́н truck
ва́жность (f.) (air of) importance
ва́жный dignified
вале́т jack, knave
валя́ться (imp.) to be lying around
вва́ливаться imp/pf **ввали́ться**
to burst in
вгля́дываться imp/pf **вгля-
де́ться** to peer
вдоба́вку in addition
вдова́ (-ы́; вдо́вы) widow
ведь see note 71
ве́жливость (f.) delicacy, good
manners
веле́ть, велю́, вели́шь (imp
and pf) to order
велика́н giant
великоле́пный splendid
верёвочка, верёвка rope
ве́рить imp/pf **по-** (& d.) to believe
ве́рный faithful
верте́ть, верчу́, ве́ртишь
imp/pf **по-** to swing round

верте́ться see **враща́ться**
ве́село it is cheering, entertaining
весло́ (pl: **вёсла, вёсел**) oar
весьма́ extremely
ве́тер (ве́тра) wind. G. sg. sometimes: **ветру́:ца ветру́** in the
wind
ветерина́рный врач (-а́)
veterinary surgeon
ве́чер (pl: **-а́**) evening
ве́ять imp/pf **по-** (& instr.) to
smell of
взаперти́ under lock and key
вза́пуски one after the other
взбира́ться imp/pf **взобра́ться**
to climb
взва́ливать imp/pf **взвали́ть**
to hoist
взгляд glance
взгля́дывать imp/pf **взгляну́ть
на** (& acc.) to look, glance at
взду́мать (pf.) to get hold of
the idea, imagine
вздыма́ться (imp.) to rise up
вздыха́ть imp/pf **вздохну́ть** to
sigh
взор glance
взре́зывать imp/pf **взре́зать**
to turn up (e. g. soil)
взя́ться see **бра́ться**
вид sight, appearance, shape,
form, aspect
ви́димо apparently
ви́дно apparently
визг screech
визжа́ть imp/pf **ви́згнуть**
to yelp
винова́тый guilty
висо́к (-ска́) temple
вкола́чивать imp/pf **вколо-
ти́ть, -очу́, о́тишь** to hammer
in
вкус taste
вку́сный tasty
вла́жный humid
влия́ние influence
вме́сте together, at the same time

внеза́пный sudden
внима́ние attention
вну́тренний inner
внутрь inside
во́все не not at all
во-вторы́х in the second place
води́ться (imp.) to live, to be
  found
води́ться с to associate with
водово́зка horse which pulls
  a water barrel
водоочисти́тельная маши́на
  water purifier
во́жжи (pl.) reins
возвраща́ться imp/pf возвра-
  ти́ться, -щу́сь, -ти́шься to
  return
возвраще́ние return
во́здух air
вози́ться (imp.) с (& instr.) to
  spend a lot of time or trouble over
во́зле (& g.) beside
возмо́жность (f.) possibility,
  opportunity
возня́ trouble, fuss
возража́ть imp/pf возрази́ть
  to raise an objection;
  to rejoin, reply
во́ин warrior
волна́ wave
волне́ние excitement, worry
волни́стый billowing
волнова́ться imp/pf вз- to be,
  become worried
вон away, off, out
пошёл вон get out, go away
вообще́ in general
во-пе́рвых in the first place
вопроси́тельный questioning,
  inquiring
вор thief
воро́та (neut. pl.) gate(s)
вороти́ться (pf.) to return, be
  back
восклица́ние exclamation
восклица́ть imp/pf восклик-
  нуть to exclaim

восходи́ть imp/pf взойти́ to
  rise
вот и всё and that was all
вот оно́ как really?
впереди́ ahead, in front
впи́хивать imp/pf впихну́ть
  (coll.) to push in
вполго́лоса aloud
впро́чем moreover
враща́ться imp/pf верте́ться
  to turn round and round
врозь apart
всего́ in all
всё же nevertheless
всё-таки after all
вслед (& d.) after, ему́ вслед
  after him
во всеуслы́шание for all to hear
вска́кивать imp/pf вскочи́ть
  to jump
вскара́бкиваться imp/pf
  вскара́бкаться to scramble
  up
вскри́кивать imp/pf
  вскри́кнуть to shriek, cry out
вслух aloud
всплакну́ть (pf. and coll.) to
  have a little weep, shed a few
  tears
всплеск splash
всполохну́ться (pf.) to be
  suddenly alarmed
вспы́шка outburst
встреча́ться imp/pf встре́-
  титься с (& instr.) to meet
встря́хивать imp/pf
  встряхну́ть to shake
всуча́ть imp/pf всучи́ть to
  force (s.t. on to s.o.)
вся́кий each, every
вся́чески in every possible way
втихомо́лочку quietly
второпя́х in haste
выве́ртываться imp/pf
  вы́вернуться to wriggle out
выдава́ть imp/pf вы́дать
  to give away, betray

вы́дать acc. за acc. to give s.o. to s.o. in marriage
выдаю́щийся protruding
выду́мывать imp/pf вы́думать to work out
выезжа́ть imp/pf вы́ехать to go out (in a vehicle)
выжида́ть imp/pf вы́ждать (& g.) to await
выка́тываться imp/pf вы́катиться to roll
выки́дывать imp/pf вы́кинуть to throw out
выкола́чивать imp/pf вы́колотить to beat out
вылеза́ть imp/pf вы́лезть to climb out
вы́нужденный forced
выпа́ливать imp/pf вы́полоть to weed out
выпрямля́ться imp/pf вы́прямиться to straighten up
выпуска́ть imp/pf вы́пустить, -щу, -стишь to let out
выра́вниваться imp/pf вы́ровняться to improve (in health and strength)
выража́ться imp/pf вы́разиться to express o.s.
выраже́ние expression
вырази́тельный expressive
выраста́ть imp/pf вы́расти to grow up
выровня́ться see выра́вниваться
выскреба́ть imp/pf вы́скрести, -ебу, -ебешь; p.t: вы́скреб to rake out
вы́слать see высыла́ть
вы́сморкать see сморка́ть
выставля́ться imp/pf вы́ставиться to be exhibited, shown
выступа́ть imp/pf вы́ступить to advance
высыла́ть imp/pf вы́слать, вы́шлю, вы́шлешь вон to send away, out

вы́таращить see тара́щить
выта́скивать imp/pf вы́тащить to pull out
вы́терпеть see терпе́ть
вы́требовать наза́д (pf.) to summon back
вытря́хивать imp/pf вы́тряхнуть to shake out
выходи́ть imp/pf вы́йти за́муж за (& acc.) to get married to s.o.
вычёсывать imp/pf вы́чесать, -шу, -шешь to comb
вычища́ть imp/pf вы́чистить to clean out
вы́ше above
вяза́нка bundle

Г

гада́ть imp/pf по- to tell fortunes
гла́вный chief, main
гла́дить, -жу, -дишь imp/pf по- to stroke
глаз, dim: глазо́к eye знать кого́-нибудь в глаза́ to know s.o.'s face
глуми́ться imp/pf по- над (& instr.) to mock
глу́по stupidly
глуха́рь (-я́) (coll.) deaf person
глухо́й deaf; dull, faint (of sound)
глухонемо́й deaf and dumb
гляде́ть, -жу́, -ди́шь imp/pf по- на (& acc.) to look at
гнева́ться imp/pf раз- to be angry, incensed
гну́ться imp/pf по- to bend
го́дный: никуда́ не го́дный no use anywhere, for anything
гоня́ться, гна́ться, гоню́сь, го́нишься imp/pf по- за (& instr.) to chase after
го́ре grief, sadness
горемы́ка (m. and f; coll.) poor devil

го́рничная (decl. like adj.) chambermaid

городско́й town (adj.)

горшо́к (-шка́) earthenware pot

го́рький see пья́ница

горячи́ться imp/pf раз- to be, become excited

господи́н (-а; господа́, госпо́д, господа́м) master

госпо́дский дом mistress' house

Госпо́дь the Lord

госпожа́ mistress

гото́виться imp/pf при- to make ready

греме́ть, -млю́, -ми́шь imp/pf за- to call (of a flock of birds)

грести́, гребу́, гребёшь, p. t: грёб(ла́) imp/pf по- to row

гре́шный a sinner (n.), sinful (adj.)

гри́венник ten copeck piece

гроза́ storm

грози́ть, -жу́, -зи́шь imp/pf по- to threaten

гро́зный awe-inspiring

грозова́я ту́ча storm cloud

грома́дный enormous

гру́бый rough, coarse; surly

грудь (f.) breast

грызть, -зу́, -зёшь, p.t: грыз(ла) imp/pf по- to gnaw

гря́зный muddy

гуса́к (-а́) gander

гусь (-я; -и, -е́й) goose

Д

да (conj.) and, but

давно́ long ago

дари́ть imp/pf по- to present

да́ром for nothing, free

да́ться (pf., coll.) to come easily

дви́гать imp/pf дви́нуть to set moving

движе́ние movement

двор (-а́) yard

дворе́цкий senior servant (see note 31)

дво́рник yard-keeper

дворни́ческий yard-keeper's

дво́рня complement of servants

дворня́жка mongrel

дворо́вый house serf

де́вичий, -чья, -чье maids'

де́вичья maids' room

де́вка (g. pl: де́вок) girl, young woman

действи́тельно actually, really

де́йствовать, -ствую imp/pf по- to work; to have effect

деликатно tactfully

де́ло something to do; action; matter дела́ (pl.) business

дереве́нский village (adj.)

дёргать imp/pf дёрнуть to tug

держа́ть, -жу́, де́ржишь (imp.) to hold; to keep

деся́ток ten, a group of ten

де́тский child's

де́тство childhood

дива́н divan

длина́ length

дно (дна) bottom

добавля́ть imp/pf доба́вить to add

добива́ться imp/pf доби́ться от (& g.) to obtain from

добросо́вестность conscientiousness, honesty

дове́рчиво trustingly

доводи́ть imp/pf довести́ to lead on

довести́ до све́дения to bring to the knowledge

дога́дливый quick-witted

дога́дываться imp/pf догада́ться to guess

дожива́ть imp/pf дожи́ть to live out

дожида́ться imp/pf дожда́ться to await

докла́д piece of information, report

доклáдывать imp/pf доложи́ть
to report
до́лжность (f.) duty; capacity,
position
доложи́ть see доклáдывать
доло́й out with, away
  с корне́й доло́й out by the
  roots
доноси́ть imp/pf донести́ to
report
дорывáться imp/pf доры́ться
до to reach, attain
досáда annoyance
доскá (g. pl: -со́к) plank, board
досто́инство worth
дрáться, деру́сь, дерёшься
imp/pf по- to fight
дре́вний age-old
дровá (pl.) firewood
дрожáть, -жу́, -жи́шь imp/pf
дро́гнуть to tremble, shiver
дру́жба friendship
дружелю́бный friendly
дря́хлость decrepitude
дубо́вый oaken
ду́ма thought
душá (acc: ду́шу; ду́ши) soul
дух spirit
  в ду́хе in a good mood
дым smoke
дырá (pl: ды́ры) hole
дыря́вый full of holes
ды́шло (g. pl: дышл) pole
дю́жий strong
дя́дя uncle

Е
еди́нственно solely
еро́шиться imp/pf взъ- to
bristle, stick up

Ж
жáдно eagerly
жáдность (f.) eagerness
жáлованье wages
жáловать, -лую imp/pf по-
to favour

жар heat
же moreover
желáние wish
желáть imp/pf по- to wish
желéзная доро́га railway
желéзный iron
жени́ть (imp. and pf.) to marry
(off)
жени́тьба marriage
жени́ться (imp. and pf.) на
(& acc.) to marry (used of man)
жени́х (-á) bridegroom
жжёный burnt
житьё existence
жму́рить imp/pf за- глазá to
screw up one's eyes
жму́риться imp/pf за- to screw
up one's eyes
жу́тко uneasy, awkward

З
за (& acc.) on account of
за (& instr.) вслед after, in pur-
suit of
забирáть imp/pf забрáть to
take (to o.s.)
заби́ться (pf.) to begin to beat
забо́р fence
забубённый irresponsible,
hopeless
забывáть imp/pf забы́ть to
forget
заведéние public house
заводи́ть imp/pf завести́ to
cause, bring about
завя́зывать imp/pf завязáть,
-жу́, -я́жешь to tie
загáдочный puzzling, enigmatic
загля́дываться imp/pf
заглянýться на (& acc.) to
stare at
зáгнанный downtrodden
заговáривать imp/pf загово-
ри́ть to break
silence, start a conversation
загребáть imp/pf загрести́
to take up (e.g. food with spoon.)

92

загрёб stroke (of the scythe)
загромождáть imp/pf
загромоздúть, –зжý,–здúшь
to encumber
зáдний rear
задýмываться imp/pf
задýматься to fall thinking
закáтываться imp/pf
закатúться to set (of sun)
закивáть (pf.) to begin to nod
закúдывать imp/pf
закúнуть to toss; to throw
back
закóн law
зал, зáла hall
заливáть imp/pf залúть,
–лью́,–льёшь to flood, pour
over
заливáться (& instr.) to burst
into
замелькáть (pf.) to flash, gleam,
appear
заменя́ться imp/pf заменúться
(& instr.) to alternate with
замерéть see замирáть
заметáться (pf.) to begin to
rush about
замечáтельный remarkable
замечáть imp/pf замéтить,
–чу,–тишь to notice
замигáть (pf.) to begin to blink
замирáть imp/pf замерéть,
–мру,–мрёшь to stop beating
замóк lock
зáмуж see вы́йти
занимáть imp/pf заня́ть,
займý, займёшь to occupy,
take up
занимáться (& instr.) to be busy
with, occupy o.s. with
заня́тия (pl.) work
заня́ть see занимáть
зáпах smell
запирáть imp/pf заперéть,–пру,
–прёшь to lock, shut
запúска note, memoir
заплáтанный patched

запýганный cowed, scared
запылённый dusty
зарычáть (pf.) to begin to
growl
заседáть (imp.) to be in session
заскáкивать imp/pf
заскочúть to jump, leap
заслоня́ть imp/pf заслонúть
to cover, hide
заснýть see засыпáть
засóв bolt
застáва gate, gates
заставля́ть imp/pf застáвить
(& acc. & inf.) to make s.o.
do s.t.
застóлица those who dine in
the servants' hall (застóльная)
застревáть imp/pf застря́ть,
–я́ну, –я́нешь to get stuck
засыпáть imp/pf заснýть
to fall asleep
затáскивать imp/pf затащéть
to drag
затвóрница prisoner
затевáться imp/pf затéяться
to be started
заткнýть see затыкáть
затó on the other hand
затыкáть imp/pf заткнýть to
stop up
заты́лок (-лка) back of the head
затя́ггвать imp/pf затяну́ть
to tighten
затя́гивать пéсню to strike up
a song
заунывный mournful
захлёбываться imp/pf
захлебнýться to choke,
take down the wrong way
захолýстье God-forsaken place
зашатáться (pf.) to begin to
stagger
звать, зовý, зовёшь imp/pf
по– to call, summon
звездá (pl: звёзды) star
звенéть, –ню́, –нúшь imp/pf
по– to ring, resound

зверь (m.) animal
здоро́вье health
здоро́вый healthy
зево́к yawn
зло́й bad tempered; evil
знак sign
знать (particle, coll.) most likely
зна́чить (imp.) to mean
зре́лый mature

И

и́дол idol
изба́, dim: избёнка, избу́шка
    peasant's hut
изве́стно it is well known
изве́стие (piece of) news
извиня́ться imp/pf извини́ться
    to excuse o.s., apologise
изво́зчик cabman *or* cab
издава́ть imp/pf изда́ть to emit
и́здали from a distance
из-за (& g.) from behind
изменя́ть imp/pf измени́ть to
    change
изображе́ние depiction, por-
    trayal
из-под (& g.) from underneath
и́зредка occasionally
изруби́ть (pf.) to cut up
изумля́ться imp/pf изуми́ться
    to be surprised
изъявля́ть imp/pf изъяви́ть
    (согла́сие) to give one's cons-
    ent
и́менно namely
и́мя (и́мени; имена́, имён)
    (first) name
по и́мени by name
ина́че otherwise
ино́й other, another
исключа́ть imp/pf
    исключи́ть to exclude
и́скра spark
иску́сный skilful
иску́сство art, skill
испа́нский Spanish
исполне́ние fulfilment

исполня́ть imp/pf испо́лнить
    to carry out, fulfil
испо́рченный corrupt
испра́вный industrious
испуга́ть see пуга́ть
иста́сканный worn
и́стинно truly
истомлённый tired out

К

кабине́т study
казаки́н Cossack coat
каза́ться, -жу́сь, ка́жешься
    imp/pf по- (& instr.) to seem,
    to be (with complement)
как бу́дто, как бы as if
как бы не lest
как же of course
как то́лько as soon as
како́в, -а́, -о́ what sort of
кала́ч (-а́) padlock shaped loaf
    of fancy bread
кали́тка yard gate
камене́ть imp/pf о- to turn to
    stone (also fig.)
камо́рка little room
ка́пля (g.pl: ка́пель) drop
карау́л guard
карау́лить imp/pf по- to guard
карау́льщик guard
каре́тный сара́й coach house
карту́з peaked cap
каса́ться imp/pf косну́ться
    (до) to concern что каса́ется
    (до) as far as . . . is concerned
    (see note 75.)
кастеля́нша matron, servant in
    charge of linen
кати́ться imp/pf с- ку́барем
    to fall head over heels
кафта́н long tunic with girdle
ка́чество quality
    в ка́честве (& g.) as
    во все ка́чества доходи́л
    he went in for all sorts
кива́ть imp/pf кивну́ть голово́й
    to nod the head

кики́мора see note 83.
кирпи́ч (-а́) brick
ки́слый bitter
кла́няться imp/pf поклони́ться (& d.) to bow to
класть, кладу́, кладёшь imp/pf положи́ть to put, place
кли́кать, кли́чу, кли́чешь imp/pf кли́кнуть to call
кли́чка name (given to domestic animal)
клу́мба flower bed
ключ (-а́) key
клю́чник serf who kept household keys
кля́тва oath
кля́ча jade, nag
ко́ваный bound with iron, forged
козырёк (-рька́) peak of cap
колесо́ (pl: -ёса) wheel
ко́ли (obs.) if
ко́ли что́ (coll.) if anything happens
ко́лкий caustic
колоко́льчик bell
коло́нна pillar, column
ко́лышек peg, post
компаньо́нка (g. pl: -нок) female companion
ко́ник a storage chest which could be slept on
конура́ kennel
коню́шня (g. pl: -шен) stable
ко́рень (ко́рня; ко́рни, корне́й) root
корми́ть imp/pf на-, по- to feed
коросте́ль (-я́) corncrake
коро́ткие отноше́ния close relationships
ко́ршун kite
коса́ (acc: ко́су; ко́сы, кос) scythe
коси́ть imp/pf с- to mow
кость (f.) bone
кося́к (-а́) jamb, (window) post

ко́фта woman's short, long-sleeved jacket
кра́й (pl: -ая́, -аёв) edge, fringe
кра́йний extreme
по кра́йней ме́ре at least
кра́пина speck, spot
краса́вица a beauty
красноре́чие eloquence
красота́ beauty
красть, краду́, крадёшь imp/pf у- to steal, pilfer
кра́ткость brevity
кре́пкий strong
кре́пкая ду́ма great thought
кре́пко strongly; soundly (of sleeping)
крепостно́й serf (n. and attributive adj.)
крепостно́е пра́во serfdom, right of landowners to hold serfs
крестообра́зно across, in the shape of a cross
крестья́нский peasant (adj.)
криви́ться imp/pf по- to warp
кривля́ться imp/pf по- to wriggle
крик shout
крича́ть -у́, -и́шь imp/pf кри́кнуть на (& acc.) to shout at
кро́ткий meek
круг (-а; -и, -ов) circle
круго́м around
круто́й abrupt, steep
крыло́ (-а́; кры́лья, -ьев) wing
крыльцо́ porch
ку́барем see кати́ться
кула́к (-а́) fist
кулачи́ще huge fist
кури́ть imp/pf по- to waft (& instr.)
куса́ть imp/pf укуси́ть to bite
куст (-а́), dim: кусто́чек (-чка) bush
ку́хня (g. pl: ку́хонь) kitchen

кучер (-а; -а́, -о́в) coachman
ку́шанье food

Л

лавровишенье laurel water
  (see note 142)
лавровишневые ка́пли
  laurel water drops
ла́дный well formed
ладо́нь (f.) palm of hand
лай bark
лакей footman
ла́па paw
ла́ска kindness; caress
ласка́ться (imp.) к to fawn upon
ла́сково in a friendly way
ла́ять imp/pf за- to bark
лев (льва) lion
легкомы́сленный flippant,
  thoughtless
лего́нько gently, slightly
ле́нта ribbon
лепета́ние murmuring, misgiving
лепета́ть, -ечу́, -е́чешь imp/pf
  про- to babble, prattle
лесо́к small wood
ле́стница staircase, stairway
ле́тний summer
ле́ший (-его) wood-goblin
  (see note 82.)
лещ (-а́) whack
ли́бо . . . либо . . . whether . . .
  or whether . . .
лоб (лба), dim: ло́бик forehead
лови́ть imp/pf пойма́ть to
  catch
ло́дочка, dim. of ло́дка boat
ло́коть (-ктя) elbow
лома́ть imp/pf пере- to break
ломи́ться (imp., coll.) в дверь
  to force a door
лопа́та spade
лосни́ться (imp.) to be glossy
лошадёнка, dim. of ло́шадь
  (f.) horse
луг (pl: -а́) meadow
лу́нный moonlight

любе́зный friendly; dear
люби́ться imp/pf по- (& d.) to
  be pleasing to
любопы́тный curious
любопы́тство curiosity
любопы́тствовать imp/pf
  по- to be curious

М

мале́йший slightest
мале́нечко (coll.) a little,
  slightly
мальчи́шка (g. pl: -шек)
  urchin, little boy
мане́ра manner
ма́тушкин (adj.) mother's (see
  note 51.)
маха́ть imp/pf махну́ть to wave
  (see note 56.)
мгнове́ние moment
мгнове́нный momentary
медве́дь (m.) bear
ме́лкий fine, small
мелька́ть imp/pf мелькну́ть
  to gleam, appear
ме́рзость (f.) loathsome thing
ме́рно slowly and regularly
ме́ры measures, steps
  принима́ть ме́ры to take
  steps
метла́ (-ы́; мётлы, мётел)
  broom
мешо́к (-шка́) bag
ми́лость (f.) graciousness,
  kindness
ми́рно peacefully
мне́ние opinion
многозначи́тельно with clear
  intent, significantly
многочи́сленный numerous,
  large in number
могу́чий strong, powerful
молва́ fame
моли́ться imp/pf по- to pray
молоде́ц (-дца́) young fellow
мо́лодость (f.) youth
молоти́ть imp/pf с- to thresh

молча́ние silence

мо́рдочка dim. of **мо́рда** muzzle, mouth

моше́нник scoundrel

мра́чный gloomy

мужи́к muzhik, peasant (obs.); man (coll.)

му́ха fly

мчать, мчу, мчишь imp/pf **по-** to rush

мы́ло soap

мысль (f.) idea, thought

мыча́нье mumbling

мыча́ть, -чу́, -чи́шь imp/pf **про-** to mumble

мы́шка armpit
под мы́шкой, под мы́шку under the arm (less usually written as one word)

мы́шца muscle

Н

наблюда́телен (m.s.f.) observant, particular, strict

наблюда́тель (m.) observer

наве́дываться imp/pf **наве́даться к** to visit

наве́рный certain, sure

навостри́ть (pf., coll.) **у́ши** to prick up the ears

навстре́чу (& d.) towards, to meet s. o.

нагиба́ться imp/pf **нагну́ться** to stoop

нагоня́й (coll.) a telling-off **дать кому́-нибудь нагоня́й** (coll.) to tell s.o. off

нагружа́ться imp/pf **нагрузи́ться** to load o. s. **нагрузи́вшийся** (coll.) 'loaded' with drink

наде́яться imp/pf **по- на** (& acc.) to rely upon

наза́д back

назади́ behind

нака́зывать imp/pf **наказа́ть** to punish

накану́не on the day before

накла́дывать imp/pf **наложи́ть** to lay in. **наложи́ть на себя́ ру́ку** to take one's own life

наколо́ть, -колю́, -ко́лешь (pf.) to chop a quantity of

наконе́ц finally

накрахма́ленный starched

накроши́ть (pf.) to crumble a quantity of

наку́шаться (pf.) **ча́ю** (obs., coll.) to have some tea

налега́ть imp/pf **нале́чь, -ля́гу, -ля́жешь на** (& acc.) to lean on

налива́ть imp/pf **нали́ть, -лью, -льёшь** to pour out

наложи́ть see **накла́дывать**

на́нковый nankeen

напи́ток drink

напомина́ть imp/pf **напо́мнить** to recall, resemble

направле́ние direction

направля́ться imp/pf **напра́виться** to make for

напра́сно in vain

напролёт: (coll.) **всю ночь напролёт** all night long

наро́чно intentionally

наси́льно by force

насле́дник heir

насме́шка (g. pl: **-шек**) gibe

настава́ть imp/pf **наста́ть, -а́ну, -а́нешь** to come (e.g. of night)

наступа́ть imp/pf **наступи́ть** to come (e.g. of night)

насчёт: что насчёт (& g., coll.), as regards

натаска́ть (pf.) to lay in a quantity of

на́тиск onslaught

натя́гивать imp/pf **натяну́ть** to pull on

нахму́риться see **хму́риться**

находи́ться imp/pf найти́сь
to be (found)
нача́льник, -ница, superior,
person in charge, senior
servant
нача́льство command, control
нача́льствующий leading
неблагови́дность (f.) unseemly
nature
неблагода́рный ungrateful
небо́сь (coll.) it is most likely
that
неве́рный uncertain
неве́ста bride, betrothed
неви́нный innocent
нево́льный involuntary
него́дность (f.) incompetence
негодова́ние indignation
недо́брый для boding ill for
недоумева́ть (imp.) to be
perplexed
незабве́нный unforgettable
нездоро́виться (& d.; impers.,
imp.) to be unwell
незнако́мый strange, unknown
неизве́стно it is not known
неисто́мный tireless
неисхо́дный (obs.) irredeemable
не́когда once, at some time
не́который a certain
некраси́в(а) собо́й not hand-
some
нела́дный wrong, bad
нели́шний not superfluous
неме́дленный immediate
не́мец (-мца) German
немо́й dumb
ненадо́лго not for long
нена́стный rainy
необыча́йный extraordinary
неоднокра́тно more than once
неожи́данный unexpected
неподви́жный motionless
нера́достный joyless
неразлу́чный inseparable
нерви́ческий nervous
нереши́тельность (f.) indecision

несмотря́ на (& acc.) in spite of
несокруши́мый invincible,
indestructible
несча́стье affliction
несчётный unnumbered
нетерпели́во impatiently
неужёли is it possible that
неусы́пный tireless
ни́ва cornfield
ника́к не not in any way
нить (f.) thread
ничто́жный worthless
но́жка, dim. of нога́ leg
носо́к (-ска́) toecap
ночно́й nocturnal; on night duty
но́ша burden
нрав temperament
не по нра́ву not to s.o.'s li-
king
нра́вственность (f.) morality,
morals
нра́вственный moral
ну well
ню́хать imp/pf по- to smell

О

о, об (& acc.) against
обвини́тельный accusatory
обдава́ть imp/pf обда́ть to
cover, envelop
обдержа́ться (pf., coll., obs.)
to get used to (see note 89a.)
оберну́ться see обора́чиваться
обеспоко́иться see беспоко́ить-
ся
обеща́ть (imp. and pf., also по-
pf.) to promise
оби́женный insulted
обласка́ть (pf.) to make a great
fuss of
обли́зывать imp/pf
облиза́ть to lick all over
обма́нывать imp/pf обману́ть
to deceive
обма́сливаться imp/pf
обма́слиться (coll.) to become
greasy

обмира́ть imp/pf обмере́ть;
  p.t: о́бмер(ла́) от to faint with
о́бморок faint, swoon
обнажённый bare
обожа́тель (m.) worshipper
обо́з train of carts
обора́чиваться imp/pf
  оберну́ться to turn round
обо́рванный torn
о́браз (pl: -а́) icon
образо́ванный educated
обраща́ть imp/pf обрати́ть
  внима́ние на (& acc.) to
  pay attention to
обраща́ться к to turn to, address
обры́вок torn piece (e.g. of rope)
обстоя́тельство circumstance
обтерпе́ться (pf., coll.) to get
  used to
обтира́ть imp/pf обтере́ть;
  p.t: обтёр(ла) to wipe, dry
обходи́ть imp/pf обойти́ to go
  round
обша́ривать imp/pf обша́рить
  to ransack
объявля́ть imp/pf объяви́ть
  to declare
объясня́ться imp/pf объяс-
  ни́ться to make o.s. understood
обыкнове́ние custom
обы́чай custom
обя́занность (f.) duty, obliga-
  tion
овладева́ть imp/pf овладе́ть
  (& instr.) to overcome
огля́дка: (obs.)
  без огля́дки without a glance
  behind
огля́дываться imp/pf
  огляну́ться to look round
ого́нь (огня́) light
огоро́д back garden, cabbage
  patch
огро́мный enormous
ода́рённый (& instr.) endowed
  with
одеколо́н eau de Cologne

одея́ло blanket
одино́кий lonely
одна́жды once
одна́ко however
ожида́ние expectation
озада́чивать imp/pf озада́чить
  to puzzle
озаря́ть imp/pf озари́ть to
  tint with red light
озира́ться (imp.) to gaze round
озлобле́ние bitterness
означа́ть (imp.) to signify,
  represent
озорни́к (-а́)
  mischievous person
окамене́ть see камене́ть
оки́дывать imp/pf оки́нуть
  взо́ром to cast an eye over
около́ток neighbourhood
оконча́ние end, conclusion
оконча́тельно finally
окружённый surrounded
окры́ситься (pf., coll.) на
  (& acc.) to snap at
оку́тывать imp/pf оку́тать to
  wrap round
оловя́нный pewter (coloured)
опира́ться imp/pf опере́ться
  to lean
определя́ть imp/pf определи́ть
  to appoint, determine
опуска́ть imp/pf опусти́ть,
  -ущу́, -у́стишь to lower
опуска́ться to fall
оси́на asp
оска́ливать imp/pf оска́лить
  зу́бы to bare one's teeth
оскла́биться (pf., coll.) to grin
оско́лок splinter
оскорбле́ние mortification
ослабева́ть, слабе́ть imps/pf
  ослабе́ть to weaken, grow weak
осо́бенный particular
остава́ться imp/pf оста́ться
  to remain
оставля́ть imp/pf оста́вить
  to leave

остально́й remaining
остана́вливаться imp/pf
  останови́ться to stop
остепени́ться (pf.) to settle
  down
осторо́жно carefully
о́тблеск glow
отва́га courage
отверну́ться see отвора́чи-
  ваться
отве́рстие opening
отводи́ть imp/pf отвести́
  to allot, set aside
отвора́чиваться imp/pf
  отверну́ться to turn away
отворя́ть imp/pf отвори́ть
  to open
отдалённый out of the way
о́тданный entrusted
отде́лываться imp/pf
  отде́латься от to throw off
отде́льно от separate from
отделя́ться imp/pf
  отдели́ться от to detach o.s.
  from
отдёргивать imp/pf
  отдёрнуть to pull away
отзыва́ться imp/pf
  отозва́ться to answer when
  called
отка́зываться imp/pf
  отказа́ться to refuse
отки́дывать imp/pf
  отки́нуть to throw back
отку́поривать imp/pf
  отку́порить to uncork
отли́чный excellent
отма́хиваться imp/pf
  отмахну́ться to wave away
относи́ть imp/pf отнести́
  to carry away
отноше́ния (neut. pl.) relations,
  relationship
отозва́ться see отзыва́ться
отправля́ться imp/pf
  отпра́виться к to go to, set
  off for

о́троду не (coll.) never in one's
  life
отстава́ть imp/pf
  отста́ть от to move away from,
  be a distance from
отсторо́нять imp/pf
  отсторони́ть (obs.) to push
  out of the way
отта́лкивать imp/pf
  оттолкну́ть to push away
оттого́ that is why
отча́сти partly
отча́янно despairingly
отчуждённый от alienated from
оты́скивать imp/pf отыска́ть
  to find, run to earth
оха́пка (g. pl: -пок) armful
о́хать imp/pf о́хнуть to groan,
  sigh
охо́тник huntsman, member of
  shooting party
охо́тно willingly
оценённый appreciated

П

па́дать imp/pf упа́сть в о́бмо-
  рок to faint
па́зуха bosom
па́лец (-льца) finger
палиса́дник small front garden
па́лка stick
па́мять (f.) memory
  люби́ть без па́мяти to love
  to distraction
  на па́мять in memory
панталóны trousers
пар steam
па́рень (-рня) (coll.) fellow
парке́т floor
пасть (f.) jaws
паха́ть imp/pf по-, вс- to
  plough
па́хнуть (& instr.) (imp.) to
  smell of
перева́ливаться imp/pf
  перевали́ться to roll, move
  from one leg to the other

переглядываться imp/pf
переглянуться to exchange
glances
передавать imp/pf передать
to hand over; report
передёргивать imp/pf
передёрнуть to shrug
передняя (decl. like adj.)
entrance hall, ante-room
перекладинка thwart
перекликаться imp/pf
перекликнуться to call to
one another
переломать see ломать
перемена change
переносить imp/pf
перенести to endure
перенюхивать imp/pf
перенюхать (coll.) to smell
перепел (pl: -á) quail
перепуганный frightened
переселённый transferred,
moved
переставлять imp/pf
переставить to move
переулок alley, lane
перо (-á; перья, -ьев) feather
пёс (пса) dog, cur
петля noose
петух (-á), dim: петушок
(-шка) cockerel
петь imp/pf с-, про- to sing
питомица protegée, charge
пищать imp/pf про- to
squeak, say in a squeaky voice
плакать imp/pf за- to weep
платить imp/pf за- за (& acc.)
to pay for
платок cloth
носовой платок handkerchief
плестись imp/pf по- (p.t:
плёлся) to plod, drag o.s.
плечо, dim: плечико shoulder
(see note 10.)
плод (-á) fruit
плодородный fertile
плотно closely, tightly

по (& acc.) up to
по (& prep.) after
по (& d.) according to
побаиваться (imp., coll.; & g.)
to be rather afraid of
побег flight
побои (pl. only) a beating
повар (pl: -á) cook
поведение behaviour
повеление order
повиливать imp/pf повилять
to wag gently
повод (-а; поводья, -ьев)
bridle, rein
поводить imp/pf повести to
move
повторять imp/pf повторить
to repeat
повыдергать (pf., coll.) to
pull out
поглядывать (imp.) to look
(at each in turn)
подавать imp/pf подать
to give, offer
подвергаться imp/pf
подвергнуться (& d.) to
subject o.s. to
подвигаться imp/pf
подвинуться to move,
advance
подвластный subordinate,
dominated
поддакивать imp/pf поддак-
нуть to say yes
подзывать imp/pf
подозвать к to call over to
подкатывать imp/pf
подкатить,-ачу, -áтишь
to roll
подле (& g.) beside
подмышка armpit (see мыш-
ка)
поднимать imp/pf поднять,
-ниму, -нимешь to lift, raise,
get out of bed, hold up)
подниматься to rise
подножие foot (of staircase)

поднóс, dim: поднóсик tray
подозвáть see подзывáть
подозрúтельный suspicious
подóшва sole
подпускáть imp/pf
  подпустúть к to allow to
  approach
подрóбно in detail
подсáживаться imp/pf
  подсéсть к to sit down by
подýшка pillow
подхвáтывать imp/pf подхва-
  тúть to pick up
пожимáть imp/pf пожáть
  плечáми to shrug one's
  shoulders
пожúтки (m. pl.) belongings
позадú in the rear
позволя́ть imp/pf позвóлить
  to allow
пóйманный trapped, captive
поймáть see ловúть
поймёт see понимáть
покáзывать imp/pf показáть
  to show, point
покачáть imp/pf покачнýть
  головóй to shake one's head
покáчиваться (imp.) to sway
покидáть imp/pf покúнуть to
  leave
поклóн respects
поклонúться see клáняться
покóй peace
покóй chamber, apartment
покровúтельство protection,
  patronage
покупщúк (-á) purchaser
пол sex
пол- (prefix) half
полагáть (imp.) to suppose
полевы́е рабóты work in the
  fields
полéно (-а; -ья, -ьев) log
полúция police
пóлный complete
половóй (decl. like adj.) waiter
положéние position

положим let us suppose
полтúнник fifty copecks,
  a fifty copeck piece
полу- (prefix) half
полчасá half an hour
помалéньку a little, slightly
помéщик landowner
помúлуйте for goodness' sake
по-мóему in my opinion
пóмощь (f.) help
понимáть imp/pf поня́ть, пой-
  мý, поймёшь to understand
понюхивать imp/pf понюхать
  to sniff
п. табачóк to take snuff
попадáть imp/pf попáсть,
  -адý, -адёшь to fall (fig.)
попадáться to come across
попечéния (pl.) care, pains
поплёскивать (imp., coll.) to
  lap, ripple
поплёлся see плестúсь
попóна horse cloth
поправля́ть imp/pf
  поправить to put straight,
  put right
по-прéжнему as before
  (less usually written as one
  word)
порá time
  до сих пор up to now, before now
  с тех пор since then
порóг threshold
порóда breed
портнúха dressmaker
портнóй (decl. like adj.) tailor
поручáться imp/pf
  поручúться to be entrusted
порхáть imp/pf порхнýть
  to flutter, flit
поря́дком as is right, as one
  ought
поря́док (-дка) order(liness)
посадúть see сажáть
по-свóему in one's own way
поселя́ть imp/pf поселúть to
  quarter, settle, lodge

поси́живать (imp., coll.) to spend time sitting somewhere
поскоре́й quickly
посла́ть see посыла́ть
после́дний last
посме́иваться (imp.) to chuckle from time to time
поспева́ть imp/pf поспе́ть to ripen
поспе́шно quickly, hastily
посреди́ (& g.) in the middle of
постоя́нный perpetual
посту́кивать (imp.) to tap
посту́пок action
посыла́ть imp/pf посла́ть, пошлю́, пошлёшь за (& instr.) to send for
потака́ть кому́-нибудь в чём-нибудь (coll.) to let s.o. get away with s.t.
потре́бный, m. s.f: потре́бен necessary
по́тчевать imp/pf по- (& inst.) to regale with
похвала́ praise
похвали́ться imp/pf похвали́ться (& instr.) to boast of
похо́дка gait
похо́ж на (& acc.) like, resembling
по-христиа́нски according to the Christian custom
почива́ть imp/pf почи́ть, -йю, -йешь to sleep, rest
почита́ть see счита́ть
почте́ние respect
почте́нная моя́ my precious
пошата́ываться imp/pf пошатну́ться to stagger
пошевели́ть (pf.) to move a little
появле́ние appearance
появля́ться imp/pf появи́ться to appear
по́яс, dim: поясо́к (-ска́) belt
пра́вда it is true that
пра́во (parenthetic word) and that is the truth

пра́во (-á) right
пра́здничный holiday (adj.), best
пра́чечная (decl. like adj.) laundry
пра́чка laundress
превра́тность (f.) setback
превраща́ться imp/pf преврати́ться в (& acc.) to turn into
предвеща́ние foreboding
предполага́ть imp/pf предположи́ть to surmise
пре́жде previously
пре́жний previous
презри́тельно scornfully
прекосло́вить (imp., obs.) to object
прекраща́ть imp/pf прекрати́ть to cut short
прерыва́ть imp/pf прерва́ть to interrupt
при (& prep.) in the presence of
прибавля́ть imp/pf приба́вить to add
прибау́точка facetious remark
прибега́ть imp/pf прибе́гнуть к to resort to
приближа́ться imp/pf прибли́зиться к to approach
прибы́тие arrival
приве́тствие greeting
привора́живать imp/pf приворожи́ть to bewitch, charm
привыка́ть imp/pf привы́кнуть к to be, become accustomed to
привя́зывать imp/pf привя́зать к to tie to
привя́зываться to attach o.s. to
при́вязь (f.) leash
пригиба́ться imp/pf пригну́ться to bend down
придава́ть imp/pf прида́ть to lend (fig.)

придавливать imp/pf
   придавить to press
придвигать imp/pf
   придвинуть to move
приделывать imp/pf
   приделать to attach
приживалка (g. pl: -лок)
   hanger-on
прижиматься imp/pf
   прижаться. -жмусь,
   -жмёшься to press, squeeze
   o.s. against
приземистый low
прийскивать imp/pf приискать
   to find
приказ order
приказание order, instruction
прикасаться imp/pf
   прикоснуться до to touch
прикидываться imp/pf
   прикинуться (& instr.) to
   pretend to be
прикладывать imp/pf
   приложить to put
приключаться imp/pf
   приключиться (coll.) to
   occur
прикрывать imp/pf
   прикрыть to cover
приличный decent, proper
приложить see
   прикладывать
примета sign
принагнуть (pf., coll.) to bend
   down
приникать imp/pf
   приникнуть к to press
   (close) to
приниматься imp/pf
   приняться за (& acc.) to set
   about
приподниматься imp/pf
   приподняться (coll.) to rise,
   sit up
прислоняться imp/pf
   прислониться к to lean
   against

приставать imp/pf пристать
   to pester, get in the way
пристально fixedly
пристраиваться imp/pf
   пристроиться к to be built
   on to
притаскивать imp/pf
   притащить to drag around
притворяться imp/pf
   притвориться (& instr.) to
   pretend to be
притолока lintel
притом moreover
прихлопывать imp/pf
   прихлопнуть to swat,
   strike with hand
приходиться imp/pf
   прийтись (impers.; & d.,
   & inf.) to have to
причина reason
причудливый odd
прищуривать imp/pf
   прищурить to screw up
приятельский friendly
приятный pleasant
про (& acc.) about, concerning
   он подумал про себя he
   thought to himself
пробегать imp/pf
   пробежать мимо (& g.)
   to run past
пробирать imp/pf пробрать
   to strike (e.g. with amazement)
пробираться to make one's
   way
пробормотать see бормотать
пробуждение awakening
проведывать imp/pf
   проведать (coll.) to find out
проводить imp/pf
   провести to spend (time)
   провести рукой по to run
   the hand over
провожать imp/pf
   проводить to accompany
проворно at a fair rate,
   quickly

проворный swift
проделка escapade
продержать, -жу, -ержишь
(pf.) to keep for a while
продолговатый oblong, extended
продолжать imp/pf продол-
жить to continue
продолжаться to continue
(intransitive.)
продолжительный continuous
проживать imp/pf прожить
to live
прозвище nickname
по прозвищу ... whose
nickname was ...
произволяться (imp.; & instr.)
to be afflicted by, suffer from
s. t.
произносить imp/pf
произнести to pronounce,
происходить imp/pf
произойти to occur
происшествие event
пройтись (pf.) here: to walk up
and down
проклажаться (imp., coll.) to
waste time
пролепетать see лепетать
промолвить (pf., obs.) to say,
utter
пронзительный penetrating
пропадать imp/pf пропасть
to be lost, perish
пропасть (f.) a whole lot of
пропихивать imp/pf
пропихнуть to squeeze
through
пропищать see пищать
пропускать imp/pf
пропустить to allow
прорезать, -аю imp/pf
прорезать, -ежу, -ежешь
to cut
прорезаться to open (of
a puppy's eyes)
прослезиться (pf.) to shed
a few tears

проснуться see просыпаться
просовывать imp/pf
просунуть to push, stick
through
просто simply
простолюдин (obs.) simple,
ordinary person
простонать see стонать
простота simplicity
просыпаться imp/pf
проснуться to awake
просьба request
протапливать imp/pf
протопить to heat
протягивать imp/pf
протянуть to hold out
протяжный long, protracted
проходящий (coll.) passer
by (decl. like adj.)
прочий other, further
прочный sturdy
прочь away
прыгать imp/pf прыгнуть
to spring, leap, jump
прямо straight
прятать imp/pf с- to hide
пугать imp/pf ис- to frighten
пульс pulse
пускать imp/pf пустить to
let in
пускаться (coll.) to set off
пушистый fluffy
пыль (f.) dust
пьяница (m.) drunkard
горький пьяница confirmed
drunkard
пьянство drunkenness
пьяный drunk
пятка heel
пятно (g. pl: пятен) spot

Р

работница (f.) hard worker
равнодушие indifference
радение effort
радостный joyful, glad
радость (f.) joy

разбива́ть imp/pf разби́ть
to smash

разби́тый laid out (of garden);
broken down

разбо́р: без разбо́ра
indiscriminately

ра́зве can it be that

разводи́ть imp/pf
развести́ рука́ми to wave
one's arms

развя́зно carelessly

разгнева́ться see гнева́ться

разгова́ривать imp/pf
разговори́ть to converse, talk

раздава́ться imp/pf
разда́ться to be heard, ring
out

разду́мье reverie

разева́ть imp/pf рази́нуть рот
to open one's mouth wide

разжима́ть imp/pf разжа́ть,
разожму́, -жмёшь to
unclench

рази́нуть see разева́ть

разма́х swing, sweep, stroke

размышле́ние meditation

разойти́сь see расходи́ться

ра́зом at once, in one go

разостла́ть see расстила́ть

разуме́ется of course

раскаля́каться (coll.) to chat

раскрыва́ть imp/pf
раскры́ть, -кро́ю, -кро́ешь
to open

распа́хиваться imp/pf
распахну́ться to burst open,
swell (of chest)

распи́сывать imp/pf
расписа́ть to overdraw,
exaggerate

распла́каться (pf.) to burst into
tears

расположе́ние ду́ха mood

распоряжа́ться imp/pf
распоряди́ться to give
orders

распоряже́ние instruction

распространя́ться (imp. only)
to expatiate upon

расска́зывать imp/pf
рассказа́ть to recount, tell

расстано́вка:
с расстано́вкой speaking
slowly, often pausing

расстила́ть imp/pf разостла́ть
to spread out

расстра́ивать imp/pf
расстро́ить to upset

рассуди́тельный sane, well-
balanced

расти́, расту́, растёшь,
p. t: рос(ла́) imp/pf по-
to grow

растолко́вывать imp/pf
растолкова́ть, -ку́ю to
explain

растопы́ренный outspread

растрево́житься (pf.) to
become alarmed

расха́живать (imp.) to stroll
up and down

расходи́ться imp/pf
разойти́сь to disperse; to get
into one's stride

расчища́ть imp/pf
расчи́стить to sweep away

ревнова́ть, -вну́ю imp/pf
по- to be jealous of

ре́дко rarely

речь (f.) speech

реша́ться imp/pf реши́ться
to allow o.s.

реши́мость (f.) determination

реши́тельно definitely

ри́нуться (pf. only) to rush

рисова́ть, -су́ю imp/pf на-
to draw, sketch

ро́бкий reticent, shy

ро́бость (f.) shyness

ро́дина native heath, home
village

ро́динка (g. pl: -нок) birthmark,
mole

родня́ relations (collective)

рожде́ние birth
рожь (ржи) (f.) rye
ро́за rose
ро́зовый rose
роня́ть imp/pf
  урони́ть to drop
рот (рта), prep. sg: во рту
  mouth
ро́ща grove
руба́ха, dim: руба́шка shirt
руга́ться imp/pf вы́- to swear
  at, abuse
румя́ниться imp/pf на- to
  flush, look red
рыча́г lever
рю́мка wineglass
ря́дом с (& instr.) alongside

С

садо́вник gardener
сажа́ть imp/pf посади́ть
  to plant
самова́рчик (dim.) samovar
сапо́г (-а́; -и́, -по́г) (top) boot
сбо́рник collection
сбыва́ться imp/pf сбы́ться
  to be realised, come true
сва́дьба marriage
сва́таться imp/pf по- to get
  married to
свёртываться imp/pf
  сверну́ться to curl up
све́рху from above, on top
свет world
свети́ть imp/pf по- to give
  light, shine
свире́пость (f.) ferocity
свобо́да freedom
своди́ть imp/pf свести́ to remove
сво́йство nature, quality
свя́зывать imp/pf связа́ть
  to tie together
сгоряча́ in the heat of the moment
сгреба́ть imp/pf сгрести́ to
  gather up
сда́вленный suppressed

сенни́к hay mattress
сенова́л hayloft
сеноко́с haymaking
серди́ться imp/pf рас- to be
  angry
сере́бряный silver
се́рый grey
серьёзный serious
сжа́тость (f.) compression
сжима́ть, imp/pf
  сжать, сожму́, сожмёшь
  (гу́бы) to press together
  (lips)
си́ла force, strength
си́льный strong, powerful, firm
си́плый hoarse
сиротли́вый lonely
сия́ть imp/pf за- to be radiant
ска́зывать (imp., obs., coll.)
  to relate, tell
ска́зываться imp/pf
  сказа́ться (coll.) to report
  one's presence
скака́ть, -ачу́, -а́чешь imp/pf
  по- to gallop, ride
скве́рный nasty
сквозь (& acc.) through
скользи́ть imp/pf
  скользну́ть to slither, slip
скре́щивать imp/pf
  скрести́ть to cross
скру́чивать imp/pf
  скрути́ть to tie up
скрыва́ться imp/pf
  скры́ться и́з виду to
  disappear from sight
ску́ка boredom
скупо́й mean
скуча́ть (imp.) to be bored
скуча́ющий tiresome
сла́бость (f.) weakness
сла́вный fine (of character)
сла́дкий sweet
слегка́ gently, slightly
сле́довать, -дую imp/pf по-
  (& d.) to follow
сле́дующий next

слезли́вый tearful
слове́чко, dim. of сло́во
word, saying
сложённый built (of person)
сломя́ го́лову headlong,
at breakneck speed
служи́ть imp/pf по- to serve
(in army, civil service)
случа́ется кому́-нибудь
(impers., & inf.) s. o. has occasion
to
слу́чай case, matter
на вся́кий слу́чай just to be sure
слу́шаю very well
слыть, слыву́, слывёшь
(& instr.) (imp.) to be reputed
to be
слы́шаться imp/pf по-
to he heard
сма́хивать imp/pf смахну́ть
to whisk away
сма́хивать на (& acc.) (coll.)
to look like
смерка́ться (impers.) (imp.)
to become dark
смерте́льно mortally
смерть (f.) death
сметь imp/pf по- to dare
смея́ться imp/pfs за-, по-
to laugh
смире́нница humble woman
сми́рный mild
сморка́ть imp/pf
вы́- (нос) to blow (nose)
смо́рщенный wrinkled
смуща́ть imp/pf смути́ть
to disturb, embarrass
смуще́ние embarrassment
снача́ла at first
снима́ть imp/pf снять to remove
сно́ва again
соба́ка, dim: собачо́нка dog
собира́ться imp/pf собра́ться
to prepare to; to assemble
собственнору́чно with one's own
hand
со́бственный own

сова́ть imp/pf су́нуть to poke,
push
сове́т council, meeting
совреме́нный contemporary
согла́сный, m.s.f: согла́сен
agreed, amenable
соглаша́ться imp/pf
согласи́ться to agree
согреша́ть imp/pf согреши́ть
to sin (against)
содержа́ть (imp.) в чистоте́
to keep clean
сожале́ние к sympathy for
сожале́ть (imp.) о (& prep.) to
deplore
созыва́ть, сзыва́ть imps/pf
созва́ть to summon
сокруши́тельно devastatingly
солда́тка soldier's wife
соло́ма straw
сон (сна) sleep; dream
сообража́ть imp/pf
сообрази́ть to plan
сообща́ть imp/pf сообщи́ть
to inform
соо́бщество society, company
сооружа́ть imp/pf сооруди́ть
to erect, construct
сопровожде́ние: в сопровож-
де́нии (& g.) accompanied by
сопротивле́ние resistance
сор sweepings, litter
сосе́д (pl: -и, -ей) neighbour
соска́кивать imp/pf соскочи́ть
to leave; fade
состоя́ть (imp.) в (& prep.)
to consist in; see note 37.)
сострада́тельный sympathetic
соха́ wooden plough
сохраня́ть imp/pf сохрани́ть
to keep
со́чный lush
сочу́вствие sympathy
спаси́тель (n.) saviour
сперва́ first
спеши́ть imp/pf по- to hurry
спиртно́й alcoholic

спи́хивать imp/pf спихну́ть
(coll.) to push
спокóйный calm
спокóйствие peace
спори́ться (imp.) to succeed,
go well (see note 6.)
спóсоб means
справедли́вый just, fair
справля́ться imp/pf
спра́виться to hold one's own
спря́тать see пря́тать
спуска́ть imp/pf спусти́ть to
take away, lower
спустя́ later
сре́дний centre
срок appointed time
сря́ду in succession
ста́вить imp/pf по- to put
стара́ние attempt
стара́ться imp/pf по- to try
стари́к, dim: старичи́шка
old man
ста́роста (m.) headman
ста́рость (f.) old age
ста́рший senior (adj.); person
with authority (n.)
стать, ста́ну, ста́нешь
(pf.) to begin to
степе́нный, m.s.f: степе́нен
staid, sedate
степнóй of the steppes
сти́скивать imp/pf сти́снуть
в объя́тиях to hug
стóить (imp. only) to be worth
столкóвывать imp/pf
столкова́ть, -ку́ю с (& instr.;
obs.) to make s.o. see reason
столпи́ться see толпи́тся
столя́р (-á) joiner
стона́ть imp/pf про- to groan
стóрож watchman
сторожи́ть (imp.) to keep
watch
сторони́ться imp/pf по- to
move aside
страда́лица sufferer (f.)
страда́ние suffering

страда́ть imp/pf по- to suffer
стра́нствование wandering
стра́стно passionately
страх fear
стра́шный terrible, tremendous
стрела́ arrow
стрóгий stern, severe
стук knock, rattle
сту́кать imp/pf сту́кнуть to
knock
ступа́й be off, run along; from
ступа́ть imp/pf ступи́ть to
step
ступе́нь dim: ступе́нька step
суди́ть imp/pf по- to judge
су́дорожно convulsively
судьба́ fate
судья́ (m.) judge
су́мрак twilight
суме́ть see уме́ть
сунду́к trunk, chest
су́нуть see сова́ть
суро́во sternly
суса́льное зóлото tinsel
су́тки (pl.; g: су́ток) 24 hours
це́лые су́тки for a whole day
су́чка bitch, dim. of су́ка, which
is also a word of abuse.
существó creature
схва́тывать imp/pf схвати́ть
за (& acc.) to catch, seize by
счита́ть imp/pf счесть (acc.) за
(& instr.) to consider s.o. to be
счита́ться to be considered
спить see шить
сы́паться imp/pf по- to pour
down
сыска́ть (pf.) to find
сы́тный (у́жин) ample (supper)
сюрту́к frock-coat

Т
так и simply
тара́щить imp/pf вы́-
глаза́ to stare
тверди́ть, -ржу́, -рди́шь (imp.)
to repeat over and over again

твёрдый firm, hard
телѐга cart
тѐло body
тень (f.) shadow
терѐть, тру, трѐшь; p.t:
тѐр imp/pf **по-** to rub, polish
терпѐть, -плю, тѐрпишь
imp/pf **вы-** to endure, hold out
течѐние current, course
тѝна slime, mud
тишинá silence
то . . . то . . . now . . . now . . .
толкáть imp/pf **толкнýть** to push
толковáть, -кýю (imp.) (coll.)
to talk, say
толпá crowd
толпѝться imp/pf **с-** to crowd
тóлько что just
тóнкий fine (in texture)
топѝть, -плю, тóпишь imp/pf
у- drown
топóр axe
торжѐственный solemn
торопѝться imp/pf **по-** to hurry
тосклѝвый sad, melancholy
тóтчас immediately
тóчно exactly
тóчность (f.) precision, accuracy
трáвка, dim. of **травá** blade of
grass
трактѝр tavern
трѐбовать, -бую imp/pf **по-**
(& g.) to demand
тревóга alarm
трепетáть imp/pf **за-** to tremble
трóгаться imp/pf **трóнуться**
to budge
трубá trumpet
трястѝсь, -сýсь, -сѐшься
imp/pf **за-** to shake
тулýп (sheepskin) coat
тýмбочка, dim. of **тýмба** a low,
round stone by the side of
a footpath
тýчный fat
тщáтельно carefully, thoroughly
тщедýшный weak

тыкать imp/pf **ткнýть** to poke
тяжкий heavy, onerous
тянýться imp/pf **по-** to stretch

у
убѐжище refuge
убивáть imp/pf **убѝть** to kill
уважáть (imp.) to respect
уважѐние к respect for
увѐренность (f.) confidence
уверять imp/pf **увѐрить** to assure
угнездѝться (pf., coll.) to
instal o.s., settle down
уговáривать imp/pf **уговорѝть**
to persuade
угóдно (& d.) pleasing to
уголóк (-лкá), dim. of **ýгол** corner
угрюмый sullen
удавáться imp/pf **удáться**
to succeed
удаляться imp/pf **удалѝться**
to go away
ударять imp/pf **удáрить** to strike
удивляться imp/pf
удивѝться to be surprised
удóбный convenient
удовóльствие pleasure
удостоверяться imp/pf
удостовѐриться to make sure
удушѐние strangling
уединѐнный lonely
уж really
ýжас fright, horror
ýзел (узлá) bundle
узелóк (-лкá) knot
ýзкий narrow
узнавáть imp/pf **узнáть** to
find out
укáзывать imp/pf **указáть на**
(& acc.) to point to
уклáдывать imp/pf **уложѝть**
to put to bed, lay down
укорѝзна reproach
украдкой stealthily
укусѝть see **кусáть**
улáмывать imp/pf **уломáть**
to prevail upon, talk round

уложи́ть see укла́дывать
улуча́ть imp/pf улучи́ть to seize
улыба́ться imp/pf улыбну́ться to smile
улы́бка smile
уме́ть imp/pf с- to be able
уми́льный over sentimental, "soppy"
у́мный intelligent
умолка́ть imp/pf умо́лкнуть to fall silent
унима́ть imp/pf уня́ть, уйму́, уймёшь to stop
уничтожа́ть imp/pf уничто́жить to destroy
уны́лость (f.) dejection
уня́ть see унима́ть
упа́сть see па́дать
упру́гий resilient
урезо́нивать imp/pf урезо́нить to bring to reason
урони́ть see роня́ть
усе́рдно conscientiously, zealously
усе́рдствовать, (-вую) (imp.) to be conscientious
уси́ливать imp/pf уси́лить to reinforce
услу́жливый obliging
усмеха́ться imp/pf усмехну́ться to smile (ironically)
усме́шка grin
успока́иваться imp/pf успоко́иться to calm down
уставля́ться imp/pf уста́виться to fix one's eyes upon
устра́ивать imp/pf устро́ить to arrange, fix up
устремля́ться imp/pf устреми́ться to be fixed
уступа́ть imp/pf уступи́ть (& d.) to let s.o. have
усы́ (pl.) moustache
утесня́ть imp/pf утесни́ть (obs.) to oppress
ути́ный duck's, duck-like

утира́ть imp/pf утере́ть, утру́, утрёшь, p.t.: утёр(ла) to wipe
утопи́ть see топи́ть
уха́живать (imp.) за (& instr.) to court; look after
ухвати́ть (pf.) to lay hold of
ухмыля́ться imp/pf ухмыльну́ться to grin
у́часть (f.). lot, fate
уча́стье к sympathy for
учёный trained (in a skill)
уче́нье training
учи́тывать imp/pf уче́сть to take stock of

Ф
фигу́ра figure
фли́гель (m.) wing, outbuilding
форе́йтор postilion who rode on first horse of a team of four
фура́жка cap
фы́ркать imp/pf фы́ркнуть to snort, sniff

Х
хвати́ться (pf.) to miss
хвост (-а́) tail
хи́трость (f.) ruse, guile
хлеба́ть imp/pf хлебну́ть to gulp, eat noisily
хле́бушко (coll.) loaf
хлопота́ть (imp.) to take trouble
хмель (m.) (coll.) drunkenness
хмельно́й intoxicated
хму́риться imp/pf на- to frown
ходи́ть за (& instr.) to look after
хожа́лый (obs.) police messenger
хозя́ин (-а; хозя́ева, хозя́ев) master
хозя́йка mistress
хороше́нько thoroughly, properly
хоть even
хо́хот laugh
храбри́ться (imp., coll.) to pretend to be brave
хрома́ть imp/pf по- to limp
хромо́й lame
худо́й emaciated; bad

Ц

ца́рствовать, -вую imp/pf
  по- to reign
цвет colour
целко́вый (coll.) one rouble
целова́ться, -лу́юсь imp/pf
  по- to exchange kisses
це́лый whole, entire
цеп (-á) flail
цепь (f.) chain
цыплёнок (pl: **цыпля́та**)
  chicken

Ч

ча́шечка cup
че́лядь (f.) household
  servants
че́рез (& acc.) by, through
чёрт (-а; че́рти, -éй) devil
чеса́ть, чешу́, че́шешь imp/pf
  по- to scratch
число́ number
  в числе́ их among their
  number
чи́стить, -щу, -стишь imp/pf
  по- to clean, brush
чистота́ cleanliness
чи́стый fresh, clean
чита́тель (m.) reader
чрезвыча́йно extremely
что до as for
что ли perhaps
чтобы in order
  не то чтобы not exactly
чу́вствовать, -вую imp/pf
  по- to feel
чудно́й strange, odd
чужо́й strange (adj.), stranger
  (n.)
чула́н, dim: **-чик** larder,
  storeroom
чурба́н block
чу́ткий gentle, delicate
чуть only just, hardly
чуть не almost
чуть что if anything happens
чу́ять imp/pf **по-** to feel, sense

Ш

шаг pace, step
шага́ть imp/pf **шагну́ть** to stride
шала́ш (-á) hut
ша́пка cap
швея́ seamstress
швыря́ть imp/pf **швырну́ть**
  to hurl, toss
шепта́ть imp/pf **шепну́ть** to
  whisper
шерсть (f.) coat (of animal)
шить, шью, шьёшь imp/pf
  с- to sew
шо́рник saddler
шо́рох rustling
шоссе́ (indecl.) highroad
шпыня́ть (imp., coll.) to tease
што́ра blind
шум noise
шу́мный noisy
шути́ть imp/pf **по-** to joke
шу́тка (g. pl: **шу́ток**) joke
шушу́канье whispering

Щ

щеголева́то foppishly
щека́ (acc: **щёку;** pl: **щёки,**
  щёк, щека́м) cheek
щёлка chink
щено́к (-нка́) puppy
ще́пка (g. pl: **-пок**) chip
щи, pl. (g. **щей**) cabbage soup
щу́риться imp/pf **по-** to
  screw up one's eyes

Э

э́дак of the sort, like that
э́дакий, э́такий, э́такой like
  this, like that
э́кий! (э́кая!) what a man (woman)
  э́кой = э́кий

Я

явля́ться imp/pf **яви́ться** to
  appear
ямщи́к (-á) coachman, driver
я́сный clear
я́сность (f.) clarity